W0313332

DAS GROSSE BUCH DER Kinderfeste

Fantastische Mottopartys

Für Linos und Leander
und Pepe, Paul und Lotta.

HEEL

Heel Verlag GmbH
Gut Pottscheidt
53639 Königswinter
Tel.: 02223 9230-0
Fax: 02223 9230-13
www.heel-verlag.de
info@heel-verlag.de

© 2007 Heel Verlag GmbH

Autoren:
Ines Eulzer, Barbara Ullmann

Lektorat:
Petra Hundacker

Satz und Gestaltung:
eideXnkoenigin-design
Tanja Steele, Griesheim
www.eidexnkoenigin.de

Fotos:
© Ines Eulzer, Barbara Ullmann

Illustrationen:
© Tanja Steele

Druck:
D + L Reichenberg GmbH, Bocholt

– Alle Rechte vorbehalten –

Printed and bound in Germany
ISBN 978-3-89880-725-8

Danke an Hucke und Erika.

Alle Rechte, auch die des Nachdrucks, der Wiedergabe in jeder Form und der Übersetzung in andere Sprachen, behält sich der Herausgeber vor. Es ist ohne schriftliche Genehmigung des Verlages nicht erlaubt, das Buch und Teile daraus auf fotomechanischem Weg zu vervielfältigen oder unter Verwendung elektronischer bzw. mechanischer Systeme zu speichern, systematisch auszuwerten oder zu verbreiten.

Die Ideen, Tipps und Rezepte in diesem Buch wurden sorgfältig durchdacht und unter Berücksichtigung der üblichen Sicherheitsvorkehrungen getestet. Die Autorinnen und der Verlag sind in keinster Weise für irgendwelche Schäden an Personen oder Sachen verantwortlich, die im Zusammenhang mit dem Basteln, Spielen oder Zubereiten mit denen in diesem Buch erwähnten Gegenständen oder Zutaten entstehen.

Fremde Welten entdecken!

Geburtstag – für jedes Kind das größte, spannendste und wichtigste Ereignis im Jahr! Natürlich soll es ein ganz besonderer Tag werden ...

So stehen wir Eltern vor der Herausforderung, uns etwas richtig Schönes und Spektakuläres einfallen zu lassen. Und das jedes Jahr!

Eine Mottoparty ist die Lösung! Einmal leben wie die Indianer, sich wie ein Astronaut fühlen oder einen Nachmittag lang forschen & experimentieren – mit den Freunden einige Stunden in eine andere Welt eintauchen!

Eine großartige Idee, die aber doch mit viel Vorbereitungs-Aufwand verbunden ist. Bis man etwas Passendes gefunden hat, muss man eine Menge Bücher wälzen, im Internet suchen, Bekannte ausfragen und vor allem: testen, ob all die Vorschläge auch wirklich funktionieren.

Genau das bleibt Ihnen nun erspart! Hier finden Sie sieben der gefragtesten Themen komplett aufbereitet, inklusive spannender Einstimmung, origineller Bastel- und Kochideen und mit Spiele-Alternativen, die für jede Situation das Richtige bieten.

Mit diesem Buch wird der Geburtstag Ihres Kindes etwas ganz Besonderes.

Wir wünschen Ihnen, dass Sie sich und Ihren Kindern mit unseren Ideen wunderbare Erinnerungen schaffen.

Ines Eulzer + Barbara Ullmann

Frühjahr 2007

Inhalt

Wichtig zu wissen – Tipps + Infos

Am besten Sie gehen in folgenden Schritten vor:

Auswahl des Themas
Fragen Sie Ihr Kind, welches Motto es sich am meisten wünscht.

Auswahl der Aktionen
Gehen Sie gemeinsam die Vorschläge durch und wählen Sie die Aktionen aus, die für Ihre Kindergruppe am geeignetsten sind. Dies ist abhängig von:

- Alter und Anzahl der Kinder
- wie viele Mädchen/Jungen
- wie soll das Wetter werden
- wie viel Zeit kann in die Vorbereitung investiert werden

Manchmal reicht schon eine Aktion pro Gliederungspunkt, die man dann etwas ausbaut oder variiert.

Alle Themen sind gleich aufgebaut:
Einladung, Dekoration, Einstimmung, Verkleidung (+ Schminken), Basteln und Spielen, Spiele und Bewegung, Abendessen. Und am Ende des Buches finden Sie die Bastelvorlagen.

1. Originelle Einladung
Eine ungewöhnliche Einladungsidee schafft es mit Sicherheit, Neugier und Vorfreude zu wecken. Vielleicht auch von Kindern, die neue Freunde werden sollen. Und sie lässt das Geburtstagskind mal so richtig im Mittelpunkt stehen! Geben Sie die Einladung am besten zwei Wochen vor dem Termin ab, damit sich jeder darauf einrichten kann. Dabei die Rückmeldung „Kommst Du? Tel ...“ nicht vergessen!

2. Witzige Dekoration
Die Deko ist ganz wichtig, um das Motto darzustellen, in die richtige Stimmung zu kommen und die Lust auf das Thema zu wecken ... Durch die gemeinsame Vorbereitung erfährt die ganze Familie und natürlich das Geburtstagskind ein unvergleichliches Glücksgefühl der Vorfreude, weil für den großen Tag und die besten Freunde etwas Besonderes gemacht wird. Mit der Vorbereitung kann gleich nach Abgabe der Einladungen gestartet werden.

Begrüßung
Die Gäste sollen ankommen und sich zuerst in Ruhe orientieren, schließlich ist ja schon viel von der Deko zu sehen. Die Kinder können gegenseitig die Verkleidungen begutachten bzw. schauen, wer noch kostümiert werden kann. Die Geschenke können erst einmal gesammelt und dann gemeinsam ausgepackt werden, damit man hinterher noch weiß, was von wem war.

Tipp: Das Spiel „Flaschen drehen“
Alle Kinder setzen sich im Kreis zusammen. In die Mitte wird eine Flasche gelegt. Das Geburtstagskind darf die Flasche drehen, derjenige, auf den die Flasche zeigt, überreicht sein Geschenk.

3. Die richtige Einstimmung
Staunen-Riechen-Schmecken, kurz: Beim gemütlichen Kaffeeklatsch werden die Kids mit allen Sinnen und in spielerischer Form auf das Thema eingestimmt. Hier finden Sie Anregungen für Fragen, die man den Kindern stellen kann, um ins Gespräch über das Thema zu kommen, viel Neues zu erfahren und Wissen auszutauschen! Am besten, Sie stellen die Fragen recht offen: „Wisst ihr etwas über ...?“, „Kennt ihr ...?“ oder „Könnt ihr euch vorstellen ...?“. Dazu kann im Hintergrund passende Musik laufen. In jedem Kapitel finden Sie einen Musiktipp. Spätestens jetzt tauchen alle in eine andere Welt!

4. Verkleidung und Schminken
Bei den klassischen Themen wie Grusel- oder Indianerfest kommen die Kinder in der Regel voll kostümiert. Falls nicht, gibt es hier einen Vorschlag, um mit wenig Aufwand alle Kinder zu „verwandeln". Bei ganz neuen Themen wie z. B. der Römerparty gehört das Basteln der passenden Kleidung schon zu einer gemeinsamen Aktion. Diese kann durch das Basteln von Schmuck und Ausrüstung oder Schminken ergänzt werden. Die Anschaffung eines Schminkkastens mit wasserlöslichen Farben (Vorteile: Im Gegensatz zu Fettschminke gibt es kein Verschmieren, einfach mit Wasser/Seife/Lappen entfernen, wasserlösliche Farben werden nicht ranzig, halten also ein paar Jahre), zwei Pinseln (einen dünnen, einen breiten) und ein Schwämmchen sind zu empfehlen.

5. Basteln und Spielen
Jetzt geht es richtig los! Nun können Schmuck, die passende Ausrüstung oder Gegenstände zum Spielen selbst hergestellt oder verziert werden. Es gibt jede Menge Vorschläge, aus denen Sie auswählen können. So erhält jedes Kind auch ein ganz individuelles, selbst gebasteltes Erinnerungsstück an den Geburtstag. Das ist doch viel schöner als die Standard-Billig-Karamellen-Tüten! Schon deswegen sollte unbedingt eine Bastel-Aktion durchgeführt werden.

6. Spielen und Bewegen
Schnelligkeit, Ausdauer oder Geschicklichkeit – jedes Kind kann etwas besonders gut. Hier werden Ideen angeboten, die unterschiedliche Fähigkeiten erfordern, aber alle den kindlichen Bewegungsdrang befriedigen. Achten Sie bei der Zusammenstellung der Bastel- und Spielaktionen auf den Wechsel von aktiven und ruhigeren Phasen, damit der Nachmittag insgesamt harmonisch abläuft und sich die Kinder nicht „hochpuschen".

7. Abendessen
Als gelungener Abschluss ist es wunderschön, wenn noch einmal alle zusammensitzen und es ein themenbezogenes Essen gibt. Natürlich kann die gemeinsame Zubereitung auch ein Höhepunkt des Nachmittages sein!

Vorlagen
Am Ende des Buches finden Sie die Vorlagen für einige Bastelvorschläge. Es ist nicht schlimm, wenn die Umsetzung nicht ganz so originalgetreu aussieht. Vielmehr soll jede Bastel- oder Dekoarbeit ein Unikat und damit etwas Besonderes werden!

Symbole

 unser Tipp ... aus Erfahrung

 wenig Aufwand

 Mitgebsel = Geschenk für die Gäste

 Idee für draußen

 Idee für drinnen

ANNO
XII

Astronauten-Geburtstag

Wer träumt nicht davon, in einem Raumschiff durch das Weltall zum Mond zu fliegen – vorbei an Sternen und Planeten und unsere wunderschöne Erde von oben zu sehen! Mit echter Astronautennahrung, riesigen Helmen und Astronautenausweis fühlt sich jeder Geburtstagsgast wie auf einem Weltraumflug!

Einladung

Rakete

Klopapierrollen, Alufolie, goldener Tonkarton, Folienstift (permanent), Kleber

Eine Klopapierrolle mit Alufolie bekleben. Aus goldenem Tonkarton die Raketenspitze zuschneiden (Vorlage s. S. 131) und zur Tüte gerollt zusammenkleben. Vier Dreiecke (Vorlage s. S. 131) zuschneiden, die Lasche umknicken und mittig einschneiden. Die Spitze und die vier „Triebwerke“ an die Rolle kleben und mit Folienstift die Einladung darauf schreiben.

Textvorschlag Rakete:

Lieber Philipp! Fliegst du mit? Am 10.6. um 15 Uhr starten wir ins All. – Dein Jan

Textvorschlag Tütensuppe:

Liebe Paula! Gewöhne dich schon mal an die Astronautennahrung denn am 10.6. um 15 Uhr fliegen wir zusammen ins Weltall. – Dein Jan

Tütensuppe

Fertigsuppe kaufen, Einladungstext auf ein Papier (gleiche Breite und halbe Höhe der Tüte) schreiben und aufkleben.

Das Zimmer wird zur Raumstation

- Auf Tapetenrollen das Weltall malen, Papierbahnen an die Wand hängen oder Schränke und Hochbetten damit verkleiden
- Steine mit Alufolie umwickeln (das sind die Meteoriten)
- Mit großen Stücken silberner Folie (Überlebensfolie vom ADAC) Regale, Bett, Tische abdecken
- Silberne Luftballons aufhängen
- Mit Fingerfarbe die Fenster so bemalen, als würde man ins Weltall blicken ...

... als würde man ins Weltall blicken.

Als Tischdecke glitzernde Geschenkfolie oder Überlebensfolie benutzen. Die Teller sind Alu-Einweggeschirr aus dem Supermarkt. Es gibt sie in rund (gedacht als Pizzablech) oder eckig (eigentlich für Lasagne).

Damit den Astronauten in der Schwerelosigkeit nicht das Getränk aus den Bechern fliegt, Pappbecher mit Deckel und Strohhalm aus einer Fast-Food-Kette besorgen und spacig verzieren (z. B. mit selbstklebender holografischer Folie).

Getränketüten mit Strohhalm kaufen (Caprisonne o. Ä.)

Das dekorierte Hochbett.

Tipp: Das Geburtstagskind viel selbst malen lassen, auch wenn es dann vielleicht nicht so perfekt ist ...!

Was machen Astronauten eigentlich?
Die Astronauten erforschen das Weltall und andere Planeten. Aber sie forschen auch viel an Bord des Raumschiffes. Dort werden die unterschiedlichsten medizinischen und physikalischen Untersuchungen durchgeführt.
Manchmal gehen auch Tiere mit auf die Reise. Es wird untersucht, wie sie mit dem Leben in der Schwerelosigkeit zurechtkommen. Eine Spinne braucht zum Beispiel einige Versuche, bis es ihr dort oben gelingt, ein Netz zu spinnen.

Musiktipp:
Die besten Lieder aus der Sendung mit der Maus Folge 4: „Die Astronautin Erika Klose".

Was ist Schwerelosigkeit?
Hier auf der Erde gibt es eine magnetische Anziehungskraft, sodass alles, was man fallen lässt, nach unten fällt. Im Weltall gibt es diese Anziehungskraft nicht, alles schwebt frei im Raum herum. Allerdings ist den Astronauten am Anfang deswegen auch oft sehr übel.

Was gibt es im Weltall zu essen?
Da man auf dem Flug ins All nicht immer frisch einkaufen kann, muss die Nahrung für die Astronauten entweder in Tüten (als Trockenpulver) oder in Konserven mit auf die Reise genommen werden.
Weil die Getränke durch die Schwerelosigkeit natürlich auch nicht im Glas bleiben, wird aus Tüten oder Bechern mit Deckel getrunken.

Wie gehen Astronauten im Weltall aufs Klo?
Die Astronauten haben ein Klo, an dem sie sich erst einmal festhaken müssen, weil sie ja sonst wegfliegen. Erst danach öffnet sich unter dem Astronauten eine kleine Öffnung, und gleichzeitig schaltet sich eine Art Staubsauger ein. Das ist am Po ganz schön kalt.
Wenn die Astronauten nur Pippi machen müssen, urinieren sie in ein kleines Röhrchen, an dem ein Schlauch befestigt ist. Das Urin wird dann direkt abgesaugt.
Wenn Astronauten außerhalb des Raumschiffs arbeiten müssen, haben sie sogar eine Art Windel in der Hose.

Tipp: Diese Info ist für die Kinder der große Lacher, ein absoluter Hit!

Gibt es auf dem Mond Wind und Regen?
Da es auf dem Mond keine Luft gibt, gibt es auch keinen Wind. Denn Wind ist Luft, die sich bewegt. Weil es keine Luft gibt, die den Schall weiterträgt, kann man auch keine Geräusche hören. Auf dem Mond ist es deshalb vollkommen still. Und weil weder Wind noch Regen existieren, werden die Fußabdrücke der Astronauten niemals verwischt. Man kann sie also auch in Millionen Jahren noch sehen.

Wo schlafen die Astronauten?
Weil es ja keine Schwerkraft gibt, müssen sich die Astronauten zum Schlafen in einen Schlafsack wickeln und damit an der Wand festbinden, sie würden sonst wegfliegen. Manche Astronauten binden sogar noch den Kopf fest, damit der im Schlaf nicht so hin und her wackelt.

Mondkratertorte

Eine Torte die aussieht wie der Mond – mit Kratern und Astronauten ...

Für den Biskuitteig:
4 Eier, 100 g Zucker, 4 Eigelb, 50 g Mehl, 50 g Speisestärke
Für die Füllung:
7 Blatt Gelatine, 2 Eier, 100 g Zucker, 1 Becher Joghurt (3,5 %) 1 Becher saure Sahne (200 g), 1 Zitrone, 200 g Schlagsahne
Zum Bestreichen:
200 g Sahne, 1 Päckchen Sahnefestiger evtl. gelbe, rote, blaue Lebensmittelfarbe

Eiweiß steif schlagen, Zucker unter ständigem Weiterschlagen einrieseln lassen. Alle acht Eigelbe unterziehen. Mehl und Speisestärke sieben und unterheben. Biskuitmasse auf ein mit Backpapier ausgelegtes Backblech streichen. In den Backofen schieben, auf 200 °C oder Gas Stufe 3 schalten und etwa 15 Min. backen.

Gelatine in kaltem Wasser einweichen. Eigelb und 2 Esslöffel heißes Wasser schaumig schlagen, Zucker unter ständigem Weiterschlagen einrieseln lassen. Joghurt, saure Sahne und Zitronensaft unterrühren.

Gelatine ausdrücken und im heißen Wasserbad auflösen. Unter die Eigelbcreme ziehen. Kalt stellen, bis die Creme halb fest ist. Inzwischen einen Becher Sahne und Eiweiß getrennt steif schlagen. Beides mit einem Schneebesen unter die Creme ziehen.

Eine möglichst runde Schüssel mit Frischhaltefolie auslegen. Die Biskuitplatte in dreieckige Stücke (Kantenlänge ca. 4 cm) schneiden und die Schüssel damit auslegen. Die Füllung hineingießen und kaltstellen, bis sie fest geworden ist (ca. drei Stunden). Nun die Torte aus der Schüssel stürzen.

Die Sahne mit dem Sahnefestiger steif schlagen.

Wer die Mondoberfläche hellgrau haben möchte, kann die drei Farben in einem Eierbecher mischen, dann tröpfchenweise unter die Sahne rühren. Die Sahne auf die Torte streichen und mit einem Teelöffel kleinere und größere Krater formen.

Die Torte mit kleinen Spielfiguren – Astronauten, Cocktailfähnchen und evtl. einer kleinen Spielzeugrakete dekorieren.

Dekoration

- kleine Fähnchen (Partyabteilung Kaufhaus)
- Lego- oder Playmobilmännchen
- Auf Pappe aufgemalte oder ausgedruckte Astronauten ausschneiden. Diese evtl. einlaminieren.

Spacige Muffins

280 g Mehl (Type 405), 1 Packung Backpulver, 1 Msp. Natron, ½ TL Zimt, 1 Ei, 130 g brauner Zucker, 1 Packung Vanillezucker, 80 ml neutrales Öl, 250 g Buttermilch

Den Backofen auf 180 °C vorheizen. Muffinblech fetten oder Papierförmchen hineinsetzen.

Das Mehl in eine Schüssel geben und mit Backpulver, Natron, Zimt, Kakao und Schokotröpfchen vermischen.

Das Ei in einer größeren Schüssel leicht verquirlen. Zucker, Vanillezucker, Öl und Buttermilch hinzufügen und gut verrühren.

Die Mehlmischung zum Eigemisch geben und nur so lange rühren, bis die trockenen Zutaten feucht sind.

In die Blechvertiefungen füllen. In der Mitte des Backofens 20–25 Min. bei 180 °C (Umluft 160 °C) backen.

Dekoration
Mit Zuckerguss begießen, blaue Zuckerstreusel aufrieseln lassen oder Zuckerguss mit Lebensmittelfarbe blau färben, silberne Zuckerkugeln draufsetzen. Einen Teller mit Alufolie abdecken, Muffins darauf dekorieren.

Astronautennahrung

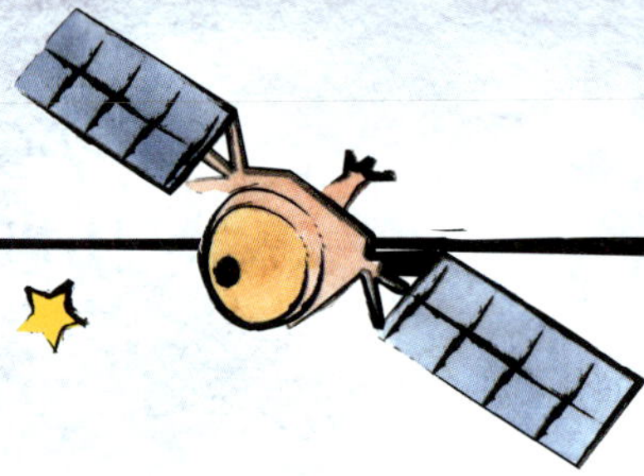

Da Astronauten natürlich sämtliche Nahrung in konservierter oder komprimierter Form transportieren und zu sich nehmen müssen, kriegt jedes Kind eine entsprechende Ausstattung!

Schokopudding aus der Tube

In der Apotheke Tubenhülsen kaufen. Pudding zubereiten und mit einer Sahnespritze in die Tuben füllen. Mit einer Zange unten zwei- bis dreimal zufalzen. Man kann die Tuben noch mit Selbstklebefolie verzieren.

Tipp: Der Renner auch für die Großen!

Süßigkeiten in Dosen

Der Anzahl der Kinder entsprechend kleine Tütchen mit Süßigkeiten abpacken. Bei einem Metzger, der noch selber eindost, in Dosen verschweißen lassen. Auf die Dosen kann man noch Folie kleben, selber kleine Aufkleber „Astronauten – Spezialnahrung" schreiben oder die Vorlage (s. S. 132) kopieren, in Streifen schneiden und daraufkleben.

- Vitamintabletten oder Traubenzucker einzeln verpackt
- Tütensuppen, Dosennahrung
- Kaugummi aus der Tube etc.

Verkleidung

Für alle

Astronautenhelme
In Pappkartons Löcher schneiden, mit Klebestift Silber- oder Alufolie aufkleben – fertig!

Für das Geburtstagskind

Astronautenanzug
Mit Klebeband aus Überlebensfolie einen Raumanzug „schneidern" (s. S. 132). Hinten einen kleinen Papp-karton (auch silbern bekleben) daraufkleben, mit Draht oder Strohhalm dekorieren – fertig ist das Sauerstoff- oder Funkgerät. Dann noch einen kleinen Walkman-Kopfhörer aufsetzen ...

oder

Einen alten Schnee- oder Skianzug anziehen, Fahrradhelm auf den Kopf, fertig!

Schminken

Planeten, Sterne oder kleine Raketen ins Gesicht malen oder das ganze Gesicht silber grundieren.

Experiment - Pressluftrakete

In den Deckel einer kleinen Plastiktrinkflasche (Pfandflasche) wird ein Loch gebohrt. Dahinein steckt man einen Strohhalm und dichtet rundherum mit Kleber ab.

Aus einem Strohhalm, der etwas dicker ist als der eingeklebte, wird die Rakete gebastelt. Dazu muss man den Strohhalm halbieren. Auf die Spitze drückt man ein Kügelchen aus Knete.

Wenn man nun diese Rakete auf den dünneren Strohhalm steckt und die Flasche mit beiden Händen schnell zusammenpresst, fliegt die Rakete mehrere Meter weit durch die Luft.

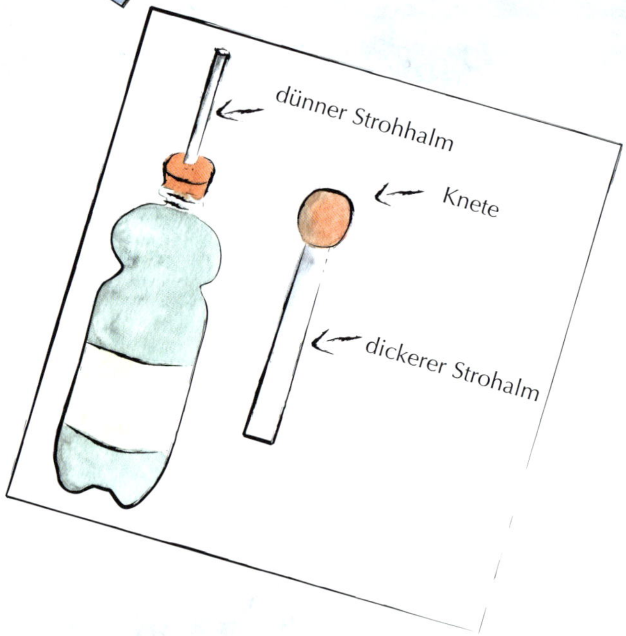

Experiment - Luftdruck

A:
Eine leere Flasche waagrecht halten. Dann ein kleines Papierkügelchen in den Flaschenhals legen und versuchen, es hineinzupusten.
Es wird keinem gelingen – im Gegenteil:
Die Kugel kommt aus der Flasche herausgeflogen, weil man zu der Luft, die bereits in der Flasche ist, keine mehr dazupusten kann. Es entsteht ein Überdruck, der die Kugel nach außen befördert.

B:
Steckt einen kleinen Plastikküchentrichter in den Mund, haltet ihn mit der Öffnung nach oben und legt einen Tischtennisball hinein. Jetzt feste pusten!
Wer schafft es, den Ball hinauszupusten? Ihr werdet staunen – niemand!!
Die Luft geht nämlich an den Seiten des Balls vorbei und wird dort schneller. Dadurch verringert sich der Luftdruck. Die Luft, die von außen drückt, hat den normalen Luftdruck und presst den Ball in den Trichter.

Experiment - Teebeutelrakete

- Bei einem Teebeutel die Klammer öffnen und den Beutel ausleeren.
- Den Teebeutel senkrecht auf einen Teller stellen.
- Oben anzünden.
- Abwarten: Der Teebeutel steigt – kurz bevor er ganz verbrannt ist – hoch in die Luft.

Tipp: Ein einfaches und beeindruckendes Experiment für alle – sozusagen der Partyknüller!

Jetzt noch ein normaler Teebeutel ...

... wird, wenn man ihn anzündet ...

... zu einer Rakete!

Spiele und Bewegung

Körpertraining

Da sich durch die Schwerelosigkeit die Muskeln der Astronauten stark zurückbilden, müssen sie jeden Tag trainieren. Hier eine Auswahl an Übungen, die je nach Möglichkeit variiert werden können:

Draußen

- Schnelligkeit: Wettlauf, Schlängellauf um Bäume
- Ausdauer: 2 x um einen Spiel-/Sportplatz oder um das Haus rennen
- Springseilhüpfen, Hüftkreisen mit Hula-Hoop-Reifen
- Gleichgewicht: balancieren (Baumstamm, Bordsteinkante)

Im Haus

- Kraft: Gewichte heben (zwei volle Wasserflaschen)
- Schwerelosigkeit: Mini-Trampolin springen
- Ausdauer: Radfahren (auf dem Rücken liegend in der Luft)
- Armkraft: Liegestütze
- Beinkraft: Stepper
- Gleichgewicht: auf einem dicken Seil balancieren, mehrere Rollen vorwärts auf einer Turnmatte ausführen
- Mut: durch einen Tunnel (Tische + Stühle aneinanderreihen, mit Decken abhängen) kriechen

Astronautenausweise

Natürlich erhält jeder Astronaut einen Ausweis (s. S. 131), in dem alle absolvierten Trainingseinheiten eingetragen sind. Wenn möglich, beim Kuchen essen jedes Kind mit der Digitalkamera fotografieren. Die Bilder ausdrucken und in die Pässe kleben. Witzige Alternative: Jedes Kind malt sich selbst. Das Geburtstagskind unterschreibt zum Schluss alle Pässe.

Warm

- Fertiggerichte in der Aluschale (Lasagne etc.)
- Fertigsuppe aus Plastikbechern („5-Minuten-Terrine“)
- Dosengerichte wie Gulasch oder Erbsensuppe

Kalt

- Brot aus der Dose
- Butter, Käse, Brotaufstriche aus der Tube
- Fisch- oder Wurst aus Dosen

Spacig gedeckter Tisch, wie auf der Raumstation!

... das schmeckt!

Unser Sonnensystem

Grusel-Geburtstag

Schon beim Eintreten sollte den Gästen ein kalter Schauer über den Rücken jagen! Spukende Gespensterfratzen, herunterbaumelnde Fledermäuse, eklige Spinnen oder eine gruselige Mumie lassen das Herz in die Hosen rutschen. Ein grausiges Schlemmermahl, Knochen kegeln und eine Geisterbahn sorgen für ein schaurig-schönes Fest!

Riesige Gruselspinne

Krepp-Papier schwarz, Pfeifenreiniger schwarz, roter Leuchtstift, Tonkarton rot

4 Pfeifenreiniger übereinanderlegen, den Mittelpunkt mit Bindfaden umwickeln, festknoten. Acht Beine zurechtbiegen. Als Körper eine flache Kugel aus dem Krepp-Papier formen (oder Haushaltspapier zerknüllen und mit Krepp-Papier umwickeln), an der Unterseite zusammentackern oder kleben, Kopf abteilen und mit schwarzem Bindfaden umwickeln. Den Bindfaden dann mehrmals um das Beingestell binden. Mit Leuchtstift Augen und Kreuz malen. Tonkarton in kleine Stücke reißen, Einladungstext darauf schreiben, zusammenrollen und mit einem der mittleren Beine festrollen.

Einladungstext

Schaurige Gruselparty!
Komm am 6.10. von 17 bis 21:30 Uhr zum Tanz der Vampire!!!
bei Tim (bitte verkleidet)

Später starten und in den Abend hineinfeiern (z. B. 18 bis 21.30 Uhr), dann ist es dunkler und besonders aufregend.

Wackelndes Skelett

schwarzer Tonkarton, Silberstift, weißer Leuchtstift

Skelett (s. Vorlage S. 42) ausschneiden, mit Silberstift die Knochen malen, den Einladungstext schreiben, evtl. mit Leuchtstift die Knochen nachziehen. Oben einen Faden zum Aufhängen verknoten.

Einladungstext

Gruselparty
17.11. bei Linos ab 15 Uhr.
Komm verkleidet!

Dekoration

Licht

- Eine einzelne matte oder farbige (grün, rot) 40-Watt-Glühbirne für ganz spärliches Licht.
- Mehrere indirekte Lichtquellen, zwei Lese- oder Tischlampen oder eine Lichterkette.
- Eine Schwarzlichtlampe (Kaufhaus, Baumarkt), alles Weiße leuchtet und Leuchtfarben sind heller. Ein toller Effekt entsteht auch, wenn die Gespenstergesichter der Deko mit Leuchtfarben bemalt sind.

Zimmer

- Grünes Obstbaumnetz/Fischernetz zum Abtrennen der Sitzecke, mit Spinnweben (gibt es im Bastelbedarf) und Spinnen (aus Plastik-/Weingummi) behängen.
- Einen großen Karton als Sarg selber herstellen oder mit Tüchern abgehangene dunkle Ecken (z. B. Schreibtisch) als Verstecke bauen.
- Einen großen Spiegel mit einer trockenen Seife abreiben, damit er „blind“ wird, denn Vampire haben kein Spiegelbild.
- Girlande aus weißen Mäusen (süßer Speck). Mit schwarzem Faden Mäuse an den Schwänzen festknoten.

Abends dürfen die Mäuse alle „abgepflückt“ werden – als Nachtisch oder für den Nachhauseweg.

Im Zimmer können einige Gespenster und Fledermäuse herumhängen.

Gespenster

Groß: Luftballon, weißes Bettlaken um den Luftballon legen, unten festknoten, mit einem schwarzen Stift Augenhöhlen aufmalen, den Stoff rechts und links des „Kopfes“ ausbreiten, an Decke oder Hochbettunterseite befestigen.

Klein: Luftballons/Styroporkugeln, weißes Seiden-/Krepp-Papier als Umhang, Gesichter mit Leuchtstift aufmalen, mit Bindfaden und Tesafilm an der Decke befestigen.

Hui Buuuuh ...

Geladene Gäste dürfen gerne aus dem Sarg steigen.

Fledermäuse

Schwarzen Tonkarton (b = 12 oder 16 cm, h = 5 cm) in der Mitte falten, ½ Kopf und einen Flügel aufmalen (s. Vorlage S. 42), ausschneiden, aufklappen und mit Tesafilm an Wände, Schränke und Fenster kleben.

Gespensterschloss

(Für kleine Gespenster)

Pappkartons (Umzugskartons), Tonkartonbögen, Tapeziermesser, Paketklebeband, Farben

Mehrere große Pappkartons aufstellen, für den Tunnelgang die Seitenflächen abtrennen, ansonsten Rundbogentüren zur Verbindung in die Seitenflächen schneiden. Kartons mit Paketklebeband aneinander fixieren. Kleinere Kartons als Turm übereinander stapeln, Rundbögenfenster ausschneiden. Für die Turmspitzen aus Tonkarton Halbkreise ausschneiden, zu einem Kegel rollen, festkleben. Als Eingang eine Rundbogentür ausschneiden.

Toll zum Spuken und Spielen. Hier drinnen können Gruselgeschichten vorgelesen oder gemeinsam Gruselmusik gehört werden.

Tischdeko

Abgehackte Hand
Gummihandschuh mit Wasser (das vorher mit ein paar Tropfen Lebensmittelfarbe gefärbt wurde) füllen, über Nacht ins Gefrierfach legen, Hand aufrecht in eine Schüssel mit rotem Wackelpudding oder voller Popcorn stellen.

Gruselspinnen
Davon können einige über den Tisch spazieren!
(s. Einladung S. 22)

Weingummiwürmer, -spinnen
Wenn Sie keine im Laden (z. B. Gummibärchenladen) finden können: Wir sind im Internet fündig geworden unter www.worldofsweets.de. Dort haben wir auch Vampirgebisse zum Naschen gefunden.

Bestellen Sie ruhig ein paar mehr, damit auch der Nachhauseweg der Gäste gruselig wird ...

Zum Spuken braucht's ein Geisterschloss!

Musiktipp:
„The Best of Halloween",
„Ultimate Halloween Party Album",
„Hallo Halloween"

Was ist ein Vampir?
Ein Untoter. Er lebt nicht, ist aber auch nicht tot. Ein Mensch, der aus dem Tod zurückgekehrt ist.

Wo schläft ein Vampir?
Tagsüber in einem Sarg, in dem er ein bisschen Erde von seinem Geburtsort aufbewahrt und vor der Sonne geschützt ist.

Wovon ernährt sich ein Vampir?
Von Blut. Er steigt nachts aus seinem Grab, fällt Menschen an, beißt ihnen in den Hals und saugt das Blut aus ...

Wie wird man zum Vampir?
Ein Vampir schleicht sich an sein Opfer heran, küsst dieses und beißt dann zu.

Woran erkennt man einen Vampir?

- Er/sie hat kein Spiegelbild. Das Spiegelbild ist ein Abbild der Seele, und weil ein Vampir keine hat, ist im Spiegel nichts zu sehen.
- Er hat keinen Schatten.
- Er hat lange, scharfe Eckzähne.
- Ein leichenblasses Gesicht.

Wie heißt der bekannteste Vampir?
Dracula. Er lebte in Transsylvanien, das liegt in Rumänien.

Womit kann man einen Vampir abwehren?
Mit Knoblauch, einem Kreuz oder einem Taschenspiegel.

Wie kann man einen Vampir töten?
Indem man ihm einen Holzpflock durchs Herz rammt.

Was ist ein Werwolf?
Ein Mensch, der sich bei Vollmond in einen Wolf verwandelt.

In welches Tier können sich Vampire verwandeln?
Fledermaus. Sie können aber auch zu Nebelstreifen werden und durch Fensterritzen oder Türspalten in ein Haus gelangen.

Was ist für Vampire tödlich?
Tageslicht. Deshalb kehren Vampire vor Sonnenaufgang in ihren Sarg zurück. Sie würden zu einem Häufchen Asche verbrennen.

Welche Fähigkeiten besitzt ein Vampir gleich nach dem Kuss?

- Er/sie hat empfindlichere Sinnesorgane:
  * kann plötzlich im Dunkeln sehen
  * hat ein verbessertes Gehör
  * ein erweitertes Farbspektrum
  * einen empfindlicher Geschmackssinn, besonders in Bezug auf Blut
- Steigerung der Körperkraft, auch weibliche Vampire sind so stark wie zehn Männer
- Erhöhte Geschwindigkeit bei der Bewegung
- Fähigkeit, kurze Strecken in hoher Geschwindigkeit zu fliegen
- Sehr schnelle Wundheilung und Resistenz gegen menschliche Krankheiten

Kuchen

Grabsteinkuchen

Ein Grabstein zum Essen – da muss man mutig sein ...

200 g Margarine/Butter, 3 Eier, 1 Msp. Salz, 150 g Zucker, 1 Packung Vanillezucker, ein paar Tropfen Vanille-Backaroma, 200 g Mehl, 1 Packung Backpulver, 100 g geriebene Mandeln, 100 g Mohn (ungemahlen), 200 g Puderzucker, braune und rote Zuckerschrift aus der Tube oder Lebensmittelfarbe

Eine Fettpfanne mit Alufoliestreifen etwa zur Hälfte abteilen, einen zweiten Streifen Alufolie für die obere Rundung oben in die Form legen und Teig einfüllen. 30 Min. bei 180 °C backen. (Oder Teig in runder Form backen, später Grabsteinform zuschneiden)

- Kuchen auskühlen lassen.
- Die Alustreifen entfernen.
- Den Puderzucker mit sehr wenig warmem Wasser anrühren. Evtl, zwei Esslöffel davon zur Seite legen und mit Lebensmittelfarben (rot, blau, grün) schwarz bzw. rot färben.
- Zuckerguss auf Deckfläche gießen, verstreichen, Mohn ohne Lücken darüberstreuen.
- Auf die Seitenflächen den Zuckerguss mit einem Messer vom Löffel abstreifen, Mohn nach gleicher Methode andrücken.
- Mit Zuckerschrift aus der Tube (oder gefärbten Zuckerguss in ein Tütchen füllen, Loch in Spitze schneiden) Kreuz, Schrift und Blutstropfen aufmalen.
- Kuchen auf ein mit schwarzem Karton belegtes Brett, einen Spiegel, eine Schieferplatte o. Ä. legen.
- Mit Efeuzweigen, Steinen und Grablichtern dekorieren.

Der Kuchen in Grabsteinform ...

... gruselig dekoriert mit Mohn ...

Spinnennetzmuffins

280 g Mehl (Type 405), 1 Packung Backpulver, 1 Msp. Natron, ½ TL Zimt, 3 EL Kakaopulver, 1 Ei, 130 g brauner Zucker, 1 Packung Vanillezucker, 80 ml neutrales Öl, 250 g Buttermilch, ½ Packung Schokotröpfchen oder ½ Packung Schokostreusel

- Den Backofen auf 180 °C vorheizen. Muffinblech fetten oder Papierförmchen hineinsetzen.
- Das Mehl in eine Schüssel geben und mit Backpulver, Natron, Zimt, Kakao und Schokotröpfchen vermischen.
- Das Ei in einer größeren Schüssel leicht verquirlen. Zucker, Vanillezucker, Öl und Buttermilch hinzufügen und gut verrühren.
- Die Mehlmischung zum Eigemisch geben und nur so lange rühren, bis die trockenen Zutaten feucht sind.
- In die Blechvertiefungen füllen. In der Mitte des Backofens 20–25 Min. bei 180 °C (Umluft 160 °C) backen.

Dekoration
Zuckerglasur auftragen, trocknen lassen. Mit bunter Zuckerschrift Spinnennetze malen. Mit Spinnweben und Plastikspinnen verzieren.

Blutsoße

Rote Grütze nach Rezept zubereiten, eine Packung Tiefkühl-Himbeeren untermischen. Vanillesoße nach Rezept zubereiten. Beides in getrennten Schüsseln servieren. Wird beim Vermengen schön schlierig ....

Alternative: Vanilleeis statt Vanillesauce.

Grüner Schleim

Götterspeise mit etwas mehr Wasser als im Rezept angegeben, zubereiten. In Gläser füllen und mit Trinkhalm schlürfen.

Variante (Vorbereiten!):

Glibbertiere

Götterspeise in verschiedenen Farben nach Rezept herstellen, in Joghurtbecher füllen, gruselige „Füllung" dazugeben und über Nacht kalt stellen. Auf einen kleinen Teller stürzen.

Rot + Rosinen = Blut mit Fliegen drin
Grün + grüne Weintrauben = Schleim mit Augen
Gelb + Fruchtgummiwürmer = Eiter mit Würmern

Verkleidung

Aufwendige Varianten

Fledermaus

Schwarzen Stoff in der Mitte falten, ein Kreuz hineinschneiden, damit der Kopf durchpasst. Armlöcher mit einigen Stichen abnähen. Mit weißem Stift/Leuchtstift die Flügelknochen anmalen, 3 Rundbögen schneiden bis Knielänge. Schwarze Hosen anziehen, darüber schwarze Herrensocken ziehen, diese am Knöchel festbinden. Evtl. eine schwarze Badekappe aufsetzen.

Schminken
Gesicht mit dem Schwämmchen blau grundieren, schwarze Fledermaus und gelben Mond aufmalen oder schwarze Augenränder, einen schwarzen Punkt auf die Nasenspitze und zwei weiße, überstehende Zähne malen.

Die kleine Fledermaus …

… mit dem kleinen Bruder.

Vampir

Schwarze Kleidung (Hose/T-Shirt), schwarzer Umhang, Vampirgebiss

Schwarzer Umhang: aus schwarzem Stoff Halbkreise ausschneiden, die mittleren 30 cm der geraden Seite etwa 3 cm breit umschlagen, festnähen, und durch diesen Tunnel eine Kordel ziehen.

Schminken
Gesicht mit Schwämmchen weiß grundieren, rote Linien am unteren Augenlid und schwarze spitze Augenbrauen malen. Unter den Mundwinkeln mit Schwarz (dünner Pinsel) zwei große, spitze Zähne zeichnen und diese weiß ausmalen, danach rundherum die Lippen schwarz ausmalen. Mit wenig Schwarz auf der Fingerkuppe dunkle Augenränder wischen und evtl. einen spitzen Haaransatz schminken. Blutspuren an den Zähnen und aus dem Mund zeichnen. Haare mit Haargel wild frisieren, evtl. schwarz überwischen.

Graf Dracula.

Vampirjäger

Ein Vampirjäger ist schlau, listig und scharfsinnig. Unauffällige Kleidung tragen, Jeans und T-Shirt sind völlig o.k., wichtig ist ein Rucksack mit der richtigen Ausrüstung oder eine lange Jacke mit vielen Taschen zum Verstauen der „Waffen".

Ausrüstung

- Hammer und Holzpflock – ein Vampir stirbt nur, wenn man einen Holzpflock in sein Herz rammt.
- Taschenspiegel – zur Kontrolle, ob der Verdächtige ein Vampir ist.
- Seile – um den Sarg zuzubinden, dann ist der Vampir gefangen.
- Taschenlampe – zum Aufspüren an dunklen Orten.
- Eine Flasche Weihwasser – Vampire haben eine Höllenangst vor allem, was heilig ist.

Schmuck
Knoblauchkette und Kruzifix (s. S. 33).

Wer hat Angst vorm toten Mann?

Skelett

Schwarze Kleidung, mit weißer Farbe Knochen aufmalen (s. Vorlage S. 42)

Schminken
Gesicht mit Schwämmchen komplett weiß grundieren. Augenhöhlen und Nasenspitze schwarz malen. Wangenhöhlen schwarz malen und für das Gebiss eine schwarze Linie über den Mund auftragen sowie Querstriche für die Zähne.

Mumie

In Verband-streifen einwickeln, die Enden mit Gummihaken oder Sicherheitsnadeln befestigen. Blutspuren aufmalen.

Tipp: Am besten alte, bereits angegraute Verband streifen nehmen, oder die Streifen vorher in eine Schüssel mit schwarzem Tee einlegen, trocknen lassen.

Schminken
Aus schwarzer und weißer Schminke grau mischen, Gesicht mit Schwämmchen grundieren, um die Augen schwarze Schatten tupfen. Auch die Lippen grau anmalen.

Blut für Gruseleffekte

Wasser mit Speisefarbe rot färben und aufkochen, Kartoffelstärke in einer Tasse mit kaltem Wasser anrühren, die Mischung in die kochende Flüssigkeit gießen und unter Rühren auf kochen lassen.

Verkleidung

Einfache Varianten

Gespenst

Ein altes, weißes Bettlaken bereithalten. Als Öffnung für den Kopf in die Mitte ein Kreuz schneiden, umhängen. Vielleicht noch eine rasselnde Kette (Baumarkt/Bastelladen) um den Knöchel binden und daran einen schwarzen Luftballon als Fußgewicht befestigen.

Schminken
Gesicht mit dem Schwämmchen komplett weiß grundieren, um die Augen schwarze Schatten auftragen.

Das kleine Gespenst.

Vampir

Schwarze Kleidung (Hose/T-Shirt), schwarzer Umhang, Vampirgebiss

Schminken
Gesicht weiß, Augenbrauen, Augenränder und Lippen schwarz schminken. Zwei große Zähne unter die Mundwinkel malen.

Während die einen geschminkt werden, können die anderen schon Knochenkegeln spielen, so vermeiden Sie langweilige Wartezeiten!

... auf zum Tanz der Vampire

Abgehackter Finger

Streichholzschachteln, Watte, rote Wassermalfarbe

In das schmale Innenteil einer Streichholzschachtel ein Loch schneiden, Watte hineinkleben. Den Zeigefinger durchschieben, den Finger mit Kinderschminkfarbe oder Wasserfarbe blutig färben und mit Mehl bestäuben. Deckel draufschieben.

Damit kann das Geburtstagskind seine Gäste richtig schocken! Während alle Kuchen essen, heimlich in der Küche vorbereiten. Sieht erschreckend aus – die Kinder sind begeistert! Auch eine tolle Bastelaktion für alle.

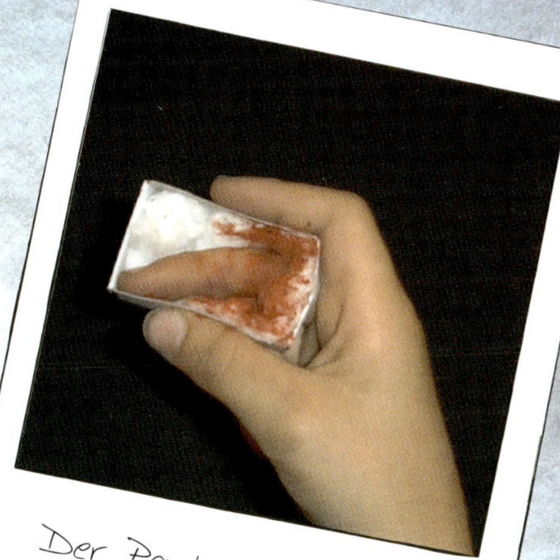

Der Partyschocker.

Kruzifix

Ein Kruzifix ist das beste Mittel, um einen „Verdächtigen" zu überführen, denn in der Nähe eines Vampirs glüht es auf. Wenn man die Haut der Vampire damit berührt, wird sie an dieser Stelle versengt.

Modelliermasse, spitzes Messer, bunte Steine und Perlen, wasserlöslicher Acrylbastellack Gold, Kleber, Bänder

Modelliermasse ca. 1 cm dick ausrollen, Kreuz ausschneiden, mit einem Zahnstocher/Strohhalm ein Loch machen und laut Anleitung im Ofen trocknen lassen. Auskühlen, das Kreuz golden anmalen und mit Perlen oder Strasssteinen bekleben, Band durchziehen.

Wirkt natürlich toll mit Schwarzlicht.

Knoblauchkette

Vampire verabscheuen Knoblauch, ihnen wird davon übel.

Knochblauchknolle, Nadel und Faden

Mit einer Nadel die Knoblauchknolle durchstechen und so den Bindfaden durchziehen.

Gespenster

Zeitungspapier, Tapetenkleister, weißes Papier (alternativ: Styroporkugel), Draht, weißer Stoff

Kleine Köpfe aus Zeitungspapier formen, mit Tapetenkleister und einer Lage Papierschnipsel umhüllen, trocknen lassen. Gesichter oder Totenkopf aufmalen, kleinen Zweig oder Draht mit Heißkleber unten am Kopf befestigen, diesen mit Klopapier (weiß) umwickeln. Alten Gardinenstoff in Quadrate schneiden, über den Kopf hängen.

Schaurige Spiele

Knochen kegeln

6 PET-Sprudelflaschen als Knochen, Tonkartonpapier weiß, Ball als Kopf: Luftballon, Tapetenkleister, Papier weiß Wassermalfarben, alternativ Gummiball oder Styroporkugel und schwarzer Stift

Aus Tonkarton sechs Knochen ausschneiden und auf die Flaschen kleben. Weißes Papier in kleine Stücke schneiden, mit Tapetenkleister einpinseln, überlappend mehrere Lagen um den Luftballon kleben, zwei Tage trocknen lassen, Totenkopfgesicht aufmalen oder:

- Eine Styroporkugel mit Totenkopfgesicht bemalen oder
- einen Ball kaufen, mit einer Lage Zeitungspapier bekleben (Tapetenkleister) und dann bemalen.

Die Kegel aufstellen (erst drei, davor zwei, davor einen), einige Meter davor einen Zielstrich ziehen. Wer kann die meisten Knochen umwerfen?

Kegeln einmal anders ...

Mumie sein

viele Rollen Klopapier

Es werden zwei Teams gebildet, ein Spieler ist die Mumie, der andere der Präparator. Auf ein Startzeichen hin gilt es, den Partner so schnell wie möglich einzuwickeln, ohne dass das Papier reißt. Nur Augen, Nase und Mund freilassen. Das Team, das zuerst fertig ist, hat gewonnen.

Variante: Die Kinder verpacken sich gegenseitig als Mumien.

Vampirtanz

Kassettenrecorder, Gruselmusik, Knoblauchzehen oder Kreuz

Alle Kinder tanzen, dabei werden mehrere Knoblauchzehen herumgereicht, die nur eine Sekunde in der Hand gehalten werden dürfen, plötzlich die Musik abstellen, wer keine Knoblauchzehe hat, kann vom Vampir gebissen und somit verwandelt werden und muss ausscheiden.

Mumie.

Unheimliche Kiste

Pappkarton, kleine Schüsselchen

Im Keller des Gastgeberkindes wurde ein unheimliches Fass gefunden! Was ist darin? Im Kreis hinsetzen, Augen schließen, die Kinder der Reihe nach hineingreifen lassen. Was ertasten sie? Tipp: Die Kinder zu gruseligen Hypothesen anregen.

In den Karton ein Eingriffsloch schneiden und Schüsselchen mit Utensilien hineinstellen:

- getrocknete Pflaume, Weintraube, Olive, geschälte Zwiebel könnten Augen sein
- Popcorn könnte alte Zähne sein
- ein Stück Würstchen/verschrumpelte Karotte könnten ein Finger sein
- Hühnchenknochen könnten Knochen vom Skelett sein
- Schälchen mit Haargel oder Joghurtbecher mit Wackelpudding könnte Schleim sein
- Gips-/Wackelpuddinghand könnte eine abgehackte Hand sein
- feuchter Naturschwamm könnte Hirnmasse sein
- nasse Weingummiwürmer könnten schleimige Würmer sein
- Blumenkohlröschen könnten Furunkel oder eine Pestbeule sein

Ruhig mehrere Runden spielen – die Kinder brauchen manchmal ein bisschen Zeit, um in „Schwung“ zu kommen. Macht riesig Spaß und bringt so richtig in Gruselstimmung!

Gruselgeschichten vorlesen

Gruselgeschichtenbuch aus gut sortierter Buchhandlung (Altersangabe beachten!)

In einer Kuschelecke bei schummrigen Licht gemütlich zusammenkommen und gemeinsam einer Gruselgeschichte lauschen.

Gruselbilder

Zeichenblock, Stifte, Wassermalfarben, Kurzzeitwecker

Mit Wasserfarben Klekse aufs Papier malen, evtl. auch das Papier zusammenfalten und auf der Gegenseite einen Abdruck ausführen. Trocknen lassen und schauen, welche Monster man in diesen Kleksen sieht. Wo es passt, Zähne, Augen, Arme usw. anzeichnen, bis es nach gruseligen Monstern aussieht.

Schaurige Spiele

Geistermusik

Ein Kind macht ein schauriges Geräusch, alle anderen raten, was das sein könnte:

- drei Glasflaschen, eine davon leer und zwei mit jeweils unterschiedlich viel Wasser gefüllt, Glasflasche schräg an den Mund halten, mit gespitzten Lippen reinblasen
- Weinglasrand, mit feuchtem Finger entlang fahren
- Reiskörner, getrocknete Erbsen, Nägel in alte Blechdosen füllen, zukleben, schütteln
- mit einer Spülbürste auf dem Kuchenblech entlang kreisen
- Alufolie knüllen, reißen
- prallen Luftballon knautschen
- Cellophantüte zerknüllen
- Centmünzen oder Kronkorken in Glasflasche schütteln
- mit Schlüsselbund- oder Ketten (Baumarkt) rasseln
- Glas Wasser, mit Strohhalm „hineinblubbern“
- Luftballon, Mundstück auseinanderziehen, Luft rauslassen

Was könnte es sein? - Eulenschreie, klagende Gespenster, Donnergrollen, prasselnde Regentropfen, Wind, Sturm, quietschende und knarrende Türen, Kettenrasseln ... Aber auch unheimliches Flüstern, schrilles Gelächter und tapsende Schritte sorgen für Aufregung und Gänsehaut.

Geisterstunde

Spaziergang im Dunkeln mit unheimlichen Überraschungen, die ein Erwachsener oder ein älteres Nachbarskind an vorher festgelegten Stellen der Route ausführt.

- auf einem Baum (oder hinter einem Baum) heult plötzlich ein Gespenst und blendet alle mit einer Taschenlampe oder es spritzt mit einer Wasserpistole
- unheimliche Geräusche (s. Spiel „Geistermusik“) aus dem Nichts
- einen Berg Blätter aus einer großen Tüte von oben herabfallen lassen
- Äste in den Weg werfen
- einen Topf Wasser aus dem Fenster direkt neben bzw. hinter die Kinder schütten

Variante-Gespensterjagd
An einigen Stellen auf dem Weg müssen Aufgaben erfüllt werden. Dazu aus weißem Tonkarton kleine Gespenster ausschneiden, numerieren, bis zum Ziel verteilen. Auf der Vorderseite steht eine Aufgabe, auf der Rückseite stehen Hinweise zum Weg (z. B. 150 m geradeaus, am Briefkasten nach rechts abbiegen). Aufgaben könnten sein:

- 1. Alle rufen zusammen einen Countdown: 10, 9, 8 ... 2, 1, Gespensterjagd!
- 2. Ihr müsst durch einen Sumpf waten! Ab jetzt im Entenmarsch (bis Nummer 3).
- 3. Hoops, ihr seid grusel-richtig! Nun schwebt wie Gespenster bis zu Nummer 4.
- 4. Gespenstisches Heulen bis zu Nummer 5.
- 5. Mit Rasseln und Ketten böse Geister verjagen bis Nummer 6.
- 6. ...

Am Ziel könnte ein echtes Gespenst (Erwachsener) spuken oder man findet einen Entschuldigungsbrief („Wir spuken heute in der alten Burg am Friedhof ...“) mit Grusel-Leckerli als Überraschung.

Geisterbahn

Zimmer komplett abdunkeln (wenn notwenig ADAC-Überlebensfolie vor die Fenster kleben).

Verschiedene Stationen im Zimmer aufbauen, die mit kleinen Taschenlampen (hinhängen oder daneben legen) beleuchtet werden.
Die Route mit Leuchtsternen oder Leuchtkonfetti auf dem Boden markieren.

Die gruseligen Elemente können auf Stühlen stehen (mit der Stuhllehne Richtung Kind, damit man den Effekt nicht zu früh sieht), unter Tischen hängen oder liegen (mit schwarzem Stoff oder Krepp-Papier voneinander abgetrennt) ...

Die Kinder gehen einzeln ins Zimmer!
Mögliche Stationen:

- Wackelpuddinghand (s. Dekoration S. 25)
- Augen aus Weingummi in einer Schüssel
- Kleine Ventilatoren (für den eisigen Windhauch der Gespenster)
- Totenkopf (s. Knochen kegeln S. 34)
- Mäuse, Weingummiwürmer o. Ä. von oben baumeln lassen
- Plastiktiere auf dem Boden „kriechen" lassen
- Mit Wasserpistole oder Sprühflasche nass spritzen

Die Augen aus Weingummi sind besonders gruselig.

Ganz toll wirkt die Geisterbahn mit gruseliger Hintergrundmusik

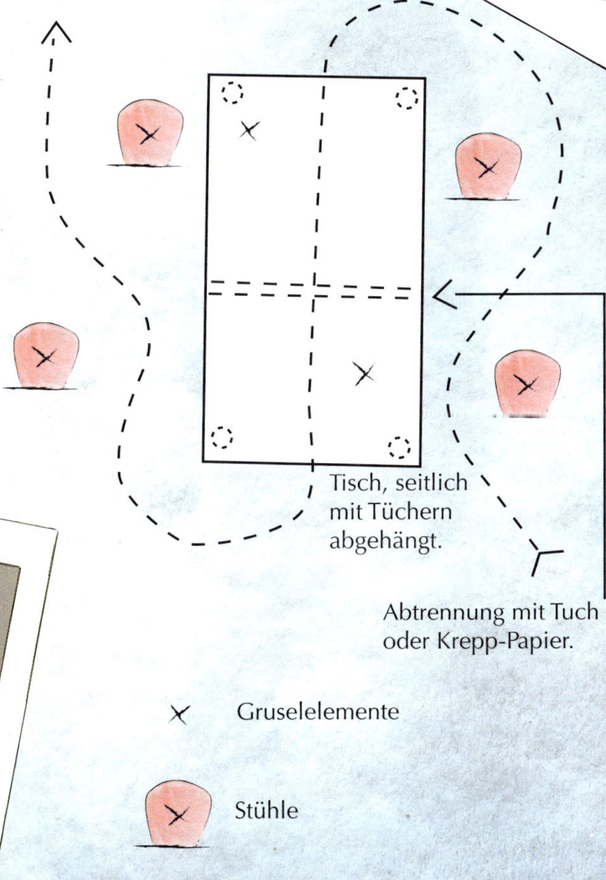

Monster-Totenkopfpizza

Zutaten für 6 Personen: 500 g Mehl, 1 Würfel Hefe, ½ TL Salz, 200 ml Wasser, 3 EL Olivenöl, 100 g Mehl zum Ausrollen

Das Mehl in eine Schüssel geben, Salz untermischen und in die Mitte eine Mulde drücken. Wasser erwärmen, Hefe darin auflösen, in die Mulde geben. Etwas Mehl darüber streuen. Zugedeckt 20 Min. an einem warmen Ort gehen lassen. Dann alles verkneten, Olivenöl zugeben, zu einer Kugel formen und noch mal 45 Min. gehen lassen.

Gut durchkneten, Fläche mit Mehl bestäuben, dann einzelne Kugeln formen, in Schädelform flach ausdrücken. Auf ein mit Backpapier ausgelegtes Blech legen. Tomatensoße daraufstreichen.

Augen: Salami- oder Tomatenscheiben, Champignons
Nase: halbierte Olive, halbierte Champignons
Zähne, Gebiss: Käse- oder Schinkenstreifen, Peperoni
Schleimige Flecken, Haare: Blattspinat

Backofen während des Belegens vorheizen, dann 20 Min. bei 220 °C backen.

Wer traut sich ein Monster zu essen?

Spinnenbeine in Blutsauce

Zutaten: Schwarze Spaghetti nach Rezept zubereiten, Tomatensoße oder Ketchup dazu reichen.

Wenig Aufwand, große Wirkung, denn es sieht richtig eklig aus, aber welchem Kind schmecken nicht Nudeln mit Ketchup!

Variante

Die Einladungen, Dekorations- und Verkleidungstipps, das Gruselessen und die Spiele der Gruselparty eignen sich hervorragend für eine Halloween-Party. Es muss nur das wichtigste Halloween-Utensil ergänzt werden: die Kürbislaternen! Eine große Fratze am besten schon vor die Haustür stellen, kleinere auf Fensterbänken, im Zimmer oder auf dem Esstisch verteilen. Und: Es kann natürlich auch ein Kürbis-Essen geben.

Kürbislaternen sind ganz leicht selbst gemacht.

Kürbislaternen

- Deckel ausschneiden (leicht schräg, damit er später nicht hinein fällt)
- Kürbis aushöhlen, am besten mit Eisportionierer (Kürbisfleisch in Schüssel sammeln)
- Mit Bleistift Fratze aufmalen
- Konturen vorsichtig mit Messer ausschneiden
- Teelicht reinstellen

Was ist Halloween?
Halloween geht auf einen alten keltischen Brauch zurück. Am letzten Tag des Jahres (nach keltischem Kalender der 31. Oktober) wurde der Sommer mit großen Feuern verabschiedet und der Winter begrüßt. Gleichzeitig verbrachte man den Tag in Gedenken an die Verstorbenen des vergangenen Jahres. Die Kelten glaubten, dass die Seelen dieser Verstorbenen an diesem Tag in das Land der Toten wandern. Die Feuer sollten den guten Seelen den Weg weisen und die bösen Geister abschrecken. Viele glaubten, dass alle Toten in dieser Nacht als Geister in ihre alten Häuser zurückkehrten. Die Geister, die kein Heim hatten, wanderten durch die Nacht und erschreckten die Menschen.

Woher kommt der Name?
Das Fest fand am Abend vor Allerheiligen statt, also an „All Hallow's Evening“ oder kurz „Hallows'E'en“. Daraus wurde später „Halloween“.

Was wird beim Halloween-Umzug gerufen und warum?
„Trick or Treat“, „Treat“ heißt Süßigkeiten oder sonst folgt ein „Trick“, d. h. ein Streich als Strafe.

Wie entstand die Kürbislaterne?

Die Geschichte von Jack O'Lantern, dem Kürbisgeist

Ein Hufschmied namens Jack, war ein ziemlicher Trunkenbold. Als ihn deswegen der Teufel aus der Kneipe abholen wollte, bat er ihn, ihm einen letzten Drink zu spendieren. Da der Teufel kein Geld bei sich hatte, verwandelte der sich selbst in eine Münze. Schnell steckte Jack diese in seine Geldbörse, in der sich auch ein kleines Kreuz befand, daher konnte der Teufel sich nicht zurückverwandeln! Er musste Jack erst versprechen, dass er ihn fürs nächste Jahr in Ruhe ließ. Am 31. Oktober des folgenden Jahres kam der Teufel erneut, um Jack zu holen. Dieser war sehr erschrocken, hatte aber eine rettende Idee. Er bat den Teufel noch einen Apfel essen zu dürfen. Und als dieser ihm half, einen Apfel zu pflücken, schnitzte Jack ein Kreuz in den Baumstamm! Der Teufel blieb unbeweglich an einem Ast hängen und musste Jack versprechen, nie wieder seine Seele zu verlangen. Als Jack schließlich starb, aber wegen seiner Trinkerei nicht in den Himmel durfte, bat Jack den Teufel um Einlass. Doch dieser lehnte ihn nun ab, nur ein Stückchen Kohle durfte Jack für den dunklen und windigen Weg zurück mitnehmen. Doch wie sollte er diese tragen? Also nahm er die Steckrübe, die er als einzigen Proviant besaß und schnitze ein paar Löcher in die Schale. Dieses Licht begleitete ihn von nun an auf seiner rastlosen Wanderung. Da die Kohle vom Teufel stammte, konnte sie nie erlöschen.

Jack mit seiner Laterne ist das Symbol der ruhelosen Seelen geworden. Jahre später, wurde die Laternen-Jack (englisch „Jack of the Lantern“)-Tradition von irischen Auswanderern nach Amerika mitgenommen. Dort gab es kaum Steckrüben, dafür große Kürbisse, und so entstanden die Kürbisgeister.

Kürbissuppe

Kerne entfernen und das Fruchtfleisch in Stücke schneiden. Eine Zwiebel klein schneiden und in etwas Öl andünsten. Die Fruchtfleischstücke dazu geben, kurz andünsten, dann etwas Gemüsebrühe dazu geben. 15–20 Min. auf kleiner Stufe weich kochen lassen, pürieren. Mit Wasser oder Gemüsebrühe auffüllen bis Konsistenz dickflüssig ist, die Sahne zugeben. Mit Pfeffer und Salz abschmecken und zum Schluss 3 Eßl. Schmelzkäse unterrühren.

Aus Pappe eine Knochenschablone schneiden, auf die Toastbrotscheiben auflegen und für jedes Kind einen Knochen ausschneiden. Dann toasten. Die Tostbrotreste zu Croutons schneiden. Diese zusammen mit Kürbiskernen in etwas Sonnenblumenöl anrösten und in einem Schälchen dazu stellen.

Als Suppentopf kann ein ausgehöhlter Kürbis in die Tischmitte gestellt werden.

Herzhafter Kürbiskuchen

***Teig**: 200 g Vollkornmehl, 100 g Butter, 100 g Magerquark, Salz*
***Gemüse**: 700 g Kürbis geraspelt, 2 mittelgroße Zwiebeln, eine Tasse Wasser mit 1 TL Gemüsebrühe*
***Guss**: 2 Eier, 200 g saure Sahne, 100 g Appenzeller*

Teigzutaten verkneten, zu einer Kugel formen, 20 Min. kühl stellen. Backofen auf 200 °C vorheizen. Die Zwiebelwürfel in etwas Olivenöl andünsten, die Kürbisraspeln kurz anbraten lassen, dann Gemüsebrühe zugeben und 5 Min. mit Deckel dünsten lassen.

Teig in gefettete Form geben, 3 cm breiten Rand hochziehen, mit Gabel einstechen und 10 Min. vorbacken.

Gemüse auf den Teig geben. Füllung drübergießen und mit einer Gabel unterrühren. Bei 200 °C 20–25 Min. backen, bis die Oberfläche goldgelb ist.

Nicht alle Kinder mögen den Kürbisgeschmack. Aber für Erwachsene zum Gruseltreff an Halloween ist es ein Highligt! (... bei uns ein Herbst-Lieblingsrezept!)

Vorlagen

Fledermäuse

Wackelndes Skelett

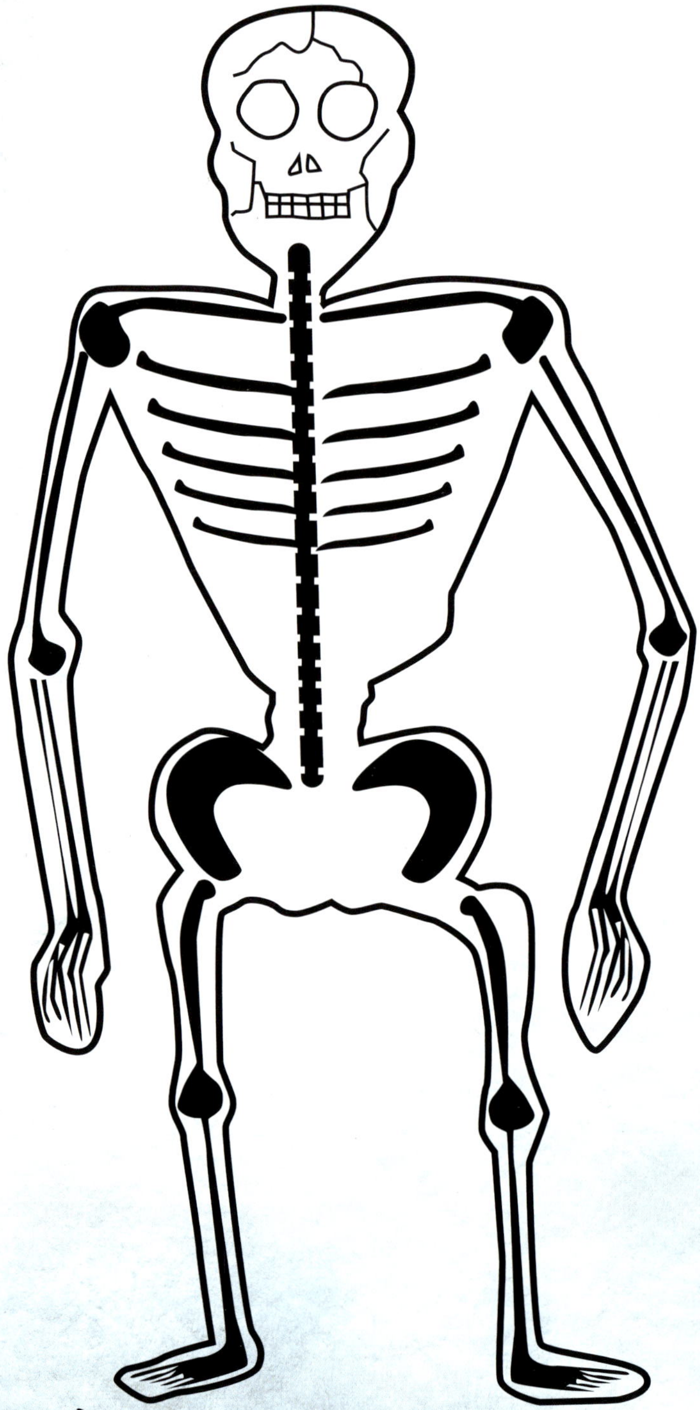

Indianer-Geburtstag

Einen Nachmittag leben wie die Indianer! Federschmuck und Trommeln basteln, auf Büffeljagd gehen, Fladenbrot essen, am Lagerfeuer sitzen oder einen wilden Indianertanz aufführen. Mit Spaß und Spiel wird die Kultur der Indianer, besonders das Leben im Einklang mit der Natur, hautnah erlebt!

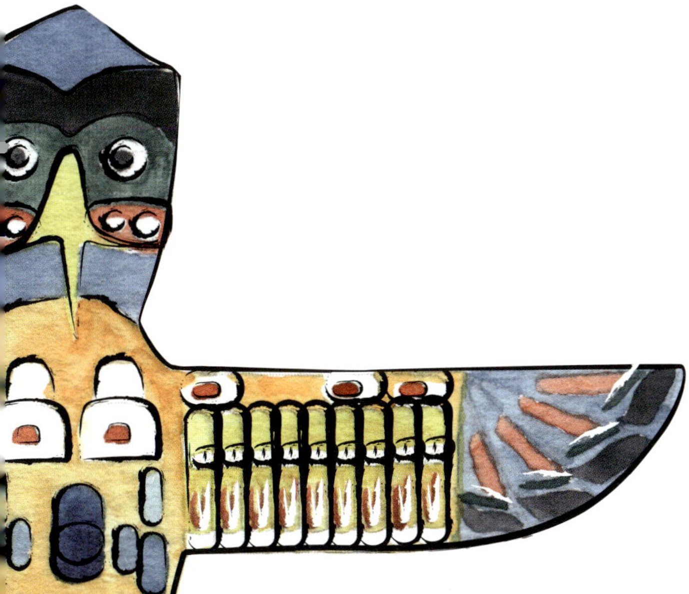

Schriftrolle mit Stirnband

Elefantenpapier (alternativ braunes Backpapier), Stifte, Stoffstreifen (z. B. altes weißes Bettlaken)

Papier ca. DIN A4 groß zuschneiden, mit Bleistift den Text schreiben, Kopf- und Fußzeile mit indianischen Mustern und Zeichen verzieren (s. S. 133). Die Blattränder wellenförmig abreißen und mit einem Stück Holzkohle (aus dem Grill) färben oder mit einem Streichholz vorsichtig etwas abbrennen.

Jedes Kind erhält einen echten Indianernamen! So steigt schon Tage vor dem Geburtstag die Spannung und Vorfreude der Gäste.

Stirnband
Den Indianer-Namen des Gastkindes in die Mitte des Stoffstreifens schreiben, daneben evtl. indianische Muster malen.

Das Stirnband kann schon mit der Einladung überreicht werden. Dazu das Einladungsblatt einrollen und den Stoffstreifen drumherum knoten. Oder man teilt die Stirnbänder erst bei der Begrüßung selbst aus.

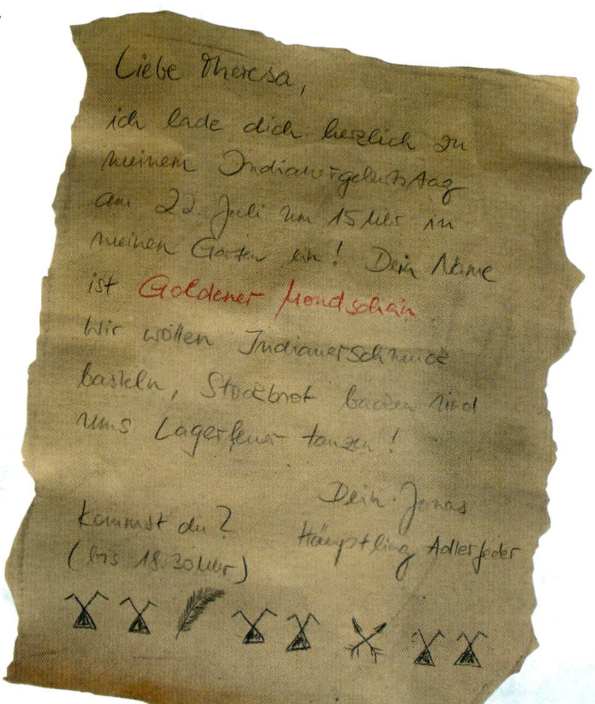
Liebe Theresa,
ich lade dich herzlich zu meinem Indianergeburtstag am 22. Juli um 15 Uhr in meinen Garten ein! Dein Name ist Goldener Mondschein
Wir wollen Indianerschmuck basteln, Stockbrot backen und ums Lagerfeuer tanzen!
Dein Jonas
Häuptling Adlerfeder
Kommst du? (bis 18.30 Uhr)

Indianernamen

Feuerauge * Tapferer-Krieger * Zahmes-Reh * Morgenröte * Flackerndes-Feuer * Kluger-Biber * Wirbelwind * Goldener-Mondschein * Großer-Geist * Flinker-Hirsch * Funkelnder-Stern * Büffelzahn * Starker-Bär * Duftende-Blüte * Zwei-Monde * Rote-Wolke * Drohender-Hund

Einladungstext

Liebe Theresa,
ich lade dich herzlich zu meinem Indianergeburtstag am 22. Juli, 15 Uhr, in meinen Garten ein! Dein Name ist Goldener Mondschein.
Wir werden Indianerschmuck basteln, Stockbrot backen und ums Lagerfeuer tanzen!
Kommst du? (bis 18.30 Uhr) Tel. 12345
Dein Pepe – Häuptling Adlerfeder

Büffelmaske

Tonkarton braun, Hutgummi, Farben und Pinsel, weißer Buntstift/Silberstift

Maske zuschneiden (s. Vorlage S.133). Büffelfell in schwarz, beige und braun aufmalen. Auf die Rückseite mit einem Silberstift den Einladungstext schreiben.

Einladungstext

Wir gehen auf Büffeljagd!!!!

Lieber Julius,
komm am 17. Juni, 15 Uhr, zu meinem Indianergeburtstag! Am besten verkleidet! Wir bauen ein Tipi und machen Lagerfeuer!

Dein Tobi
(Es geht bis 18 Uhr. Sag mir, ob du kommen kannst: 0332/76767676)

Dekoration

Tipi

Stangen, Stoff und Farben an einer geeigneten Stelle zum gemeinsamen Tipi-Aufbau bereitlegen

Indianer-Utensilien wie Pfeil und Bogen, Speer, Schild, Kriegsbeil, Trommeln, Felle, Leder, Holzschüsseln neben die Tipi-Stelle legen.

Ein Tipi im Spielzeugladen kaufen und gleich als Geburtstagsgeschenk einsetzen.

Decken

Mehrere Decken auf dem Boden ausbreiten, zum:

- Kuchen essen
- Schmuck basteln
- Pfeil und Bogen basteln

Die Bastelmaterialien können schon in Kisten auf den Decken bereitstehen.

Jagd-Test-Pfad

Für die Mutprobe (s. S. 56) den Parcour vorbereiten: Tisch, Stühle, Kartons etc. bereitstellen.

Indianer-Gebrauchsgegenstände: Pfeil und Bogen, Kriegsbeil, Friedenspfeife, Ketten, Federn, Felle, Trommeln und Naturmaterialien wie Rindenstücke, Moos, Schilf, Wurzeln, Kies, Steine in Kartons bereitlegen.

Feuerstelle

An einer geeigneten (unbewachsenen) Stelle einen Ring aus Steinen legen. In der Mitte eine Schicht Sand/Erde verteilen (alternativ: Grill ohne Rost), trockene Äste bereitlegen.

Einer der magischsten Orte für Kinder und für echtes Indianerfeeling unbedingt notwendig ...

Auch die kleinsten Indianer haben einen Riesenspaß!

Marterpfahl

Einen Baumstamm (alternativ: Wäschespinne zusammenklappen, mit einem alten Bettlaken umwickeln oder im Zimmer: Bettpfosten) auswählen, Seil bereitlegen (s. Spiel S. 59).

Einstimmung

Woher kommt der Name Indianer? Der Seefahrer Christoph Kolumbus hat Amerika entdeckt, er glaubte Indien erreicht zu haben und nannte die Inselbewohner Indianer.

Nach Indianerart sitzen beim Essen alle auf einer Decke, im Schneidersitz rund um den Kuchen herum …

Musiktipps zur Einstimmung:
„Indianerfeder und Büffeltanz"
„Adler will fliegen. Indianische Lieder und Tänze"
„Inipi. Rituallieder der Dakota"

Wisst ihr auch, was diese Schriftzeichen bedeuten?
Hochzeigen und raten lassen.

Sonne

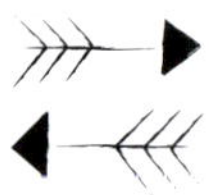
Krieg

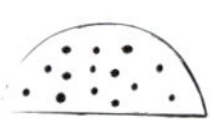
Nacht

Angst

Freundschaft

Kennt ihr berühmte Indianerstämme?
Die Inkas, Mayas, Azteken, Sioux, Comanchen.

Warum waren Büffel so wichtig?
Der Büffel bildete die Grundlage ihres Lebens. Büffelfleisch war außer den wenigen wilden Beeren, die sie sammelten, und den Wildvögeln, die sie fingen, die einzige Nahrung.

Wie hießen die Häuser von manchen Indianerstämmen?
Tipis = Stangenzelte, die schnell auf- und abgebaut werden konnten. Die Holzstangen wurden oben zusammengebunden, dann in die Erde gesteckt und mit Büffelhäuten überzogen. Oben war eine Öffnung, damit der Rauch von der Feuerstelle abziehen konnte. Von außen waren die Wände mit Bildern von der Büffeljagd bemalt.

Wozu diente die Friedenspfeife?
Wenn zwischen zwei verfeindeten Indianerstämmen Frieden geschlossen wurde, rauchten die Häuptlinge, aber auch Frauen und Männer des Stammes, die Friedenspfeife. Das Versprechen musste dann gehalten werden.

Für Botschaften über weite Strecken benutzten die Indianer Rauchzeichen. Wisst ihr, wie die Indianer Rauchzeichen herstellten?
Sie hielten ein Fell über das Feuer und beim Wegnehmen stieg eine Rauchwolke zum Himmel empor. Drei Rauchwolken bedeuteten das Wort „Büffelherde".

Wer weiß, was ein Totempfahl ist?
Totemtiere galten als Beschützer und waren heilig. Diese Tiere durften nicht gejagt werden. Die Holzpfähle vor den Häusern wurden mit dem Symbol des Tieres bemalt, aber auch Äxte, Boote oder das Schild der Krieger. Der Totempfahl war das Wappen einer ganzen Familie (Sippe).

Was waren die Jagd- und Kriegswaffen der Indianer?
Pfeil und Bogen, manchmal auch Speer und Schild (falls vorhanden, könnten diese herum gegeben werden).

Woher kamen die Namen der Indianer?
Die Indianer gaben sich Namen nach ihren Eigenschaften oder ihren Heldentaten. Es gab Indianer, die vier, fünf oder noch mehr Namen trugen. Kluger Biber, der Häuptling der Schwarzfußindianer, hörte beispielsweise auf fünf verschiedene Namen: Langfuß, Grauwolf, Harte Lanze, Eiserner Schild, Blitzhuf.

Was könnte das denn heißen?
Handzeichen vorführen, Nachahmen lassen.

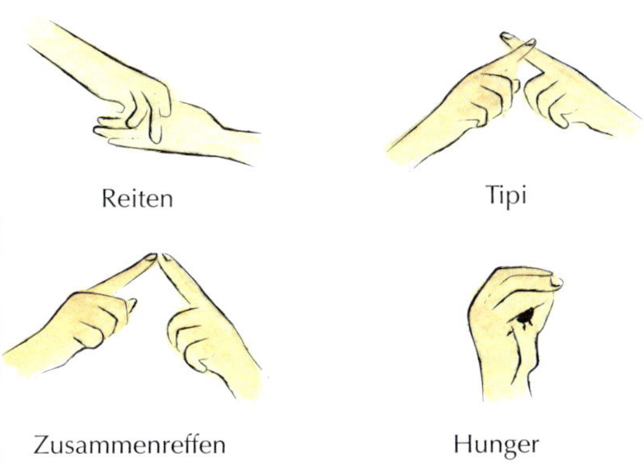

Wie erkannten denn die Indianer, wo Büffel sind?
An den Spuren auf dem Boden. Indianer waren sehr gute Spuren-/Fährtenleser! Und kennt ihr denn auch Tierspuren? Welches Tier könnte denn diese Spur hinterlassen haben? Spuren einzeln zeigen und raten lassen.

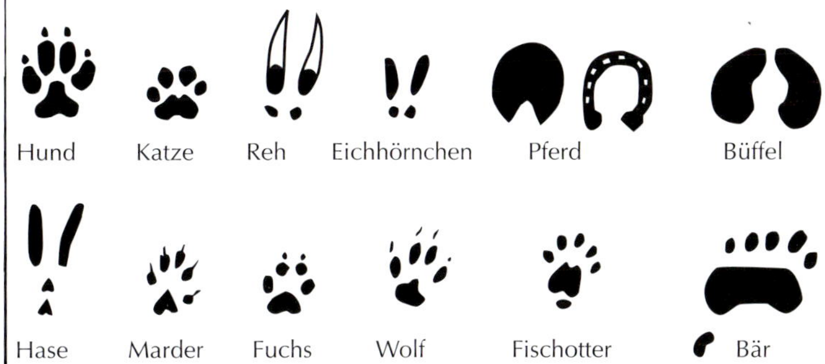

Wie haben sich die Indianer verständigt?
Mit Hilfe von Zeichen. Es gab Handzeichen, Rauchzeichen und gemalte Schrift.

Was stellten die Indianer aus der Büffelhaut her?
Kleidung, Mokassins und sie bedeckten damit ihre Tipis.

Was hatten Indianer für eine Kleidung?
Bemalte Lederhemden und Hosen mit Fransen, lange Leder- und Perlenketten, Mokassins, Federschmuck auf dem Kopf, Ohrringe, geflochtene Zöpfe.

Wer weiß, wie die Indianer mit der Natur, Tieren und Pflanzen, umgingen?
Die Indianer nahmen nur so viel von der Natur, wie sie zum Leben brauchten:

- Wenn sie einen Baum fällen mussten, um Brennholz zu bekommen, baten sie um Verzeihung, streuten heiliges Maismehl um die Wurzeln und pflanzten einen neuen Trieb neben den Baumstumpf.
- Sie töteten nur so viele Tiere, wie sie zum Überleben brauchten. Bei ihren Jagdtänzen baten sie die Tiere um Verzeihung.

Indianer-Kanu

Rührkuchen aus 250 g Butter, 3 Eier, 150 g Zucker, 1 Päckchen Vanillezucker, 1 Prise Salz, 100 g gemahlene Mandeln, etwas Mandelaroma, 250 g Mehl, 1 Päckchen Backpulver

In Kastenform im vorgeheizten Backofen ca. 40 Min. bei 180 °C backen.

- Die Ecken halbrund abschneiden und in Kanuform schnitzen.
- Kanu innen aushöhlen, Sitzbank dabei stehen lassen.
- Aus Eiweiß und Puderzucker Zuckermasse herstellen, in 2 Schüsseln mit Speisefarbe rot und blau einfärben, Schlangen rollen, diese mit Buttercreme (weiche Butter mit Puderzucker mischen) und im Zickzackmuster ankleben.

Alternativ

- Die Seitenflächen mit Vollmich-Kuvertüre überziehen, trocknen lassen, dann mit Zuckerschrift verzieren.
- Evtl. Geburtstagskerzen draufstecken.

Kanuform schnitzen.

Kanu aushöhlen.

Ecken ankleben.

Federmuffins

280 g Mehl (Type 405), 1 Päckchen Backpulver, 1 Msp. Natron, ½ TL Zimt, 3 EL Kakaopulver, 1 Ei, 130 g brauner Zucker, 1 Päckchen Vanillezucker, 80 ml neutrales Öl, 250 g Buttermilch, ½ Päckchen Schokotröpfchen oder ½ Päckchen Schokostreusel

- Den Backofen auf 180 °C vorheizen. Muffinblech fetten oder Papierförmchen hineinsetzen.
- Das Mehl in eine Schüssel geben und mit Backpulver, Natron, Zimt, Kakao und Schokotröpfchen vermischen.
- Das Ei in einer größeren Schüssel leicht verquirlen. Zucker, Vanillezucker, Öl und Buttermilch hinzufügen und gut verrühren.
- Die Mehlmischung zum Eigemisch geben und nur so lange rühren, bis die trockenen Zutaten feucht sind.
- In die Blechvertiefungen füllen. In der Mitte des Backofens 20–25 Min. bei 180 °C (Umluft 160 °C) backen.

Dekoration:
Muffins mit bunten Federn schmücken.

Die fertigen Muffins.

Popcorn

Die Indianer kannten schon Popcorn! Mais war eine ihrer wichtigsten Getreidearten. Das Popcorn wurde mit Salz und Kräutern bestreut.

1 Packung Maiskörner, Mazola Keimöl, Salz, Kräuter

Den Boden eines großen Topfes mit Öl bedecken. So viele Maiskörner reinschütten, dass der Boden einlagig bedeckt ist. Deckel drauf, auf höchster Stufe erhitzen, bis die ersten Maiskörner an den Deckel ploppen. Herdplatte ausstellen. Warten, bis alle Körner aufgepoppt sind, den Topf ab und zu hin- und herschwenken. Popcorn in eine Schüssel geben, würzen.

Verkleidung

Für alle

Stirnband

Jedes Kind kann noch eine Feder erhalten und diese ins Stirnband stecken (s. Einladung S.44).

Schminken

Das ganze Gesicht rotbraun grundieren. Stirn, Wangen und Kinn mit unterschiedlichen indianischen Mustern verzieren.

Augen zu beim Schminken ...

Starker Büffel und ...

... Brauner Bär.

Für das Geburtstagskind

Fransenhemd

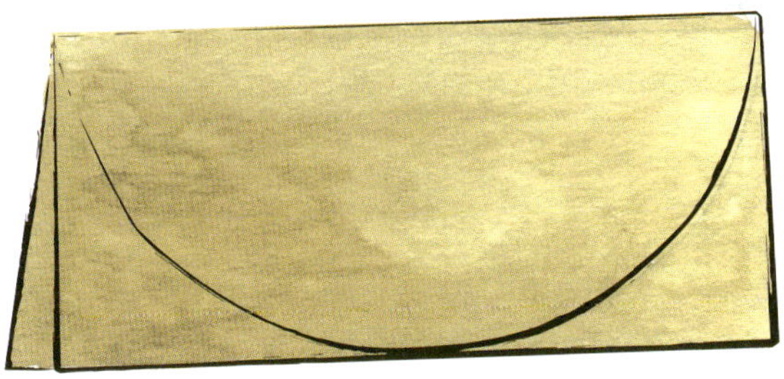

altes Bettlaken/Stoff (braun oder beige), Textilmalstifte

In die Mitte des Stoffes ein Kreuz zum durchschlüpfen schneiden, umhängen, Arme ausbreiten = ergibt die Breite, Länge = bis zur Hüfte. Halbkreis zuschneiden, am Rand entlang Fransen schneiden (ca. 2 cm breit). Mit indianischen Mustern verzieren.

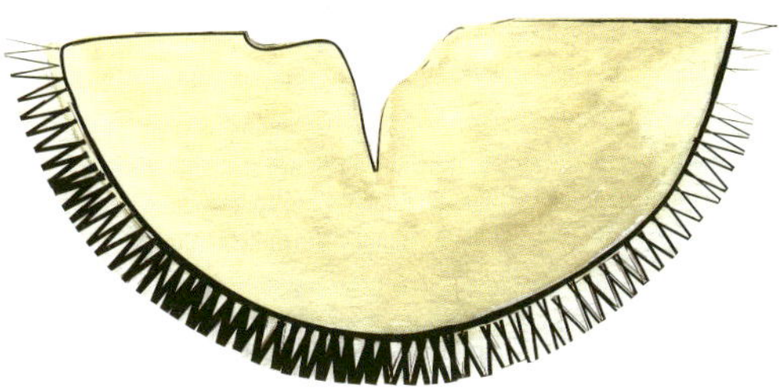

Basteln

Indianerketten als Schmuck

Bunte Lederschnüre, kleine Federn und Muscheln, bunte Holzperlen, Korkscheiben, Glöckchen, Rigatoni-Nudeln, Zwirn, Kleber

Die Korken in Scheiben schneiden. Einen Teil davon nochmals halbieren und Löcher hineinbohren. Abwechselnd Perlen, Korkscheiben, Nudeln etc. auffädeln. Die Federn mit Zwirn zwischen die Perlen knoten.

Friedenspfeife

Stock oder Bambusstab, Innenrolle von Küchenpapier, Wollfäden, Holzperlen, Federn, bunter Bast

Stock auf eine Länge von 50 cm schneiden. Die Küchenrolle in 5 cm lange Stücke teilen, in den unteren Teil zwei gegenüberliegende Löcher bohren, dass der Stock durchgeschoben werden kann. Stock und „Pfeifenkopf" stückchenweise mit Kleber einstreichen und mit buntem Bast umwickeln. Sechs bunte Wollfäden flechten (je 2), zwischendurch Holzperlen aufschieben und Federn einknoten. Diese Kordel vorn und hinten am Stock festknoten.

Kann vor dem Fest mit dem Geburtstagskind gebastelt werden, da ja eine Friedenspfeife für die Zeremonie am Lagerfeuer ausreicht.

Trommeln für wilde Tänze

(Vorbereiten)

Blumentopf (Durchmesser 10–20 cm), Pergamentpapier, Tapetenkleister + Pinsel, Wassermalfarben, Bast, Perlen

Tapetenkleister anrühren. Aus Pergamentpapier drei Kreise schneiden, Größe = Durchmesser des Blumentopfes + 8 cm. Kreise mit Tapetenkleister einstreichen, übereinander legen, ganz glatt streichen (ohne Luftblasen). Auf den Topf legen, am Topfrand fest andrücken. Über Nacht trocknen lassen. Topf und Trommelfläche mit Wassermalfarben verzieren oder Bast mit aufgefädelten Perlen herumwickeln.

1. Kreise aus Pergamentpapier auf den Blumentopf legen.

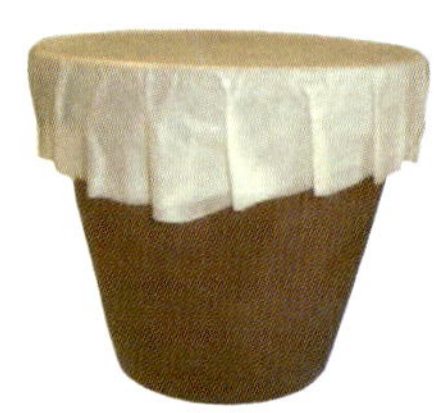

2. Papier am Rand nach unten streichen.

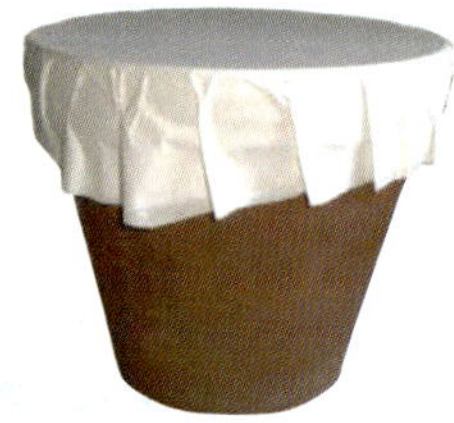

3. Trocknen lassen.

4. Bemalen und Verzieren.

Pfeil und Bogen für die Jagd

Weiden- oder Haselruten, Korken, Klebeband, bunter Bast, Federn, Angelsehne oder Schnur

Bogen: Weidenrute an beiden Enden einkerben, Angelsehne/Schnur an einem Ende festknoten, die Weidenrute zu einem Bogen biegen und die Angelsehne/Schnur an der anderen Kerbe verknoten.

Pfeile: Eine Weidenrute in zwei oder drei gleich lange Teile schneiden, in das eine Ende einen Schlitz ritzen und Federn als Schmuck mit Klebeband befestigen. Das andere Ende zu einer Spitze schnitzen oder einen Korken kegelförmig zurechtschneiden, ein Loch hineinbohren und diesen als Spitze ankleben.

Evtl. Pfeil und Bogen stückchenweise mit Kleber bestreichen und mit buntem Bast umwickeln.

Geistermasken

Für den Tanz um das Lagerfeuer
Tonkarton, Hutgummi, Wachsmalstifte

Maske (s. Vorlage S. 134) zuschneiden, Augen/Zahnschlitze ausschneiden. Mit Wachsmalstiften oder Wassermalfarben gefährliche Muster um Augen, Mund und auf die Wangen malen. Gummiband je nach Kopfgröße anknoten.

Spiele und Bewegung

Tipi bauen

5 gleichlange Stangen (Weidenstecken/ Bambusstangen), altes Bettlaken/Decke, Größe je nach Länge der Stangen, Schnur oder Wäscheklammern oder Paketklebeband, Kohlestückchen, Textilmalstifte

Den Stoff auf den Boden legen und mit bunten Stiften indianische Muster (s. S. 133) an den unteren und oberen Rand malen, evtl. auch Jagdmotive in die Mitte. Die Stangen an einem Ende zusammenbinden, aufstellen und zu einem Kreis auseinanderziehen. Den Stoff um die Stangen legen, oben und an den unteren Stangenenden mit Schnur festbinden.

Die Mutprobe

Um in die Gemeinschaft der Jäger aufgenommen zu werden, mussten Indianerkinder mehrere Mutproben bestehen. Sie sollten beweisen, dass sie im Dunkeln keine Angst haben und sich auch bei Nacht in der Natur zurechtfinden.

Die Kinder absolvieren nacheinander mit verbundenen Augen + barfuß einen „Jagd-Test-Pfad" – wer die Mutprobe bestanden hat, darf mit zur Büffeljagd!

Es werden verschiedene Gegenstände zu einem Parcour aufgestellt:

- Zum Klettern: ein Tisch oder eine dreistufige Leiter oder leere Getränkekästen
- Zum Durchkriechen: ein Stuhl mit Decke darüber oder Umzugskartons oder ein alter Bettbezug mit aufgeschnittenem Ende
- Zum Vorbeischlängeln: mehrere Steine/Stühle/ Flaschen, die hintereinander stehen
- Dazwischen werden Indianer-Utensilien wie Pfeil und Bogen, Kriegsbeil, Friedenspfeife, Ketten, Federn, Felle, Trommeln und Naturmaterialien wie Rindenstücke, Moos, Schilf, Wurzeln, Kies, Steine verteilt. Diese Gegenstände müssen ertastet und erraten werden.

Die Naturmaterialien in Kartons legen.

Kleinere oder ängstliche Kindern an der Hand führen, nach jedem Hindernis loben!

Büffeljagd

3 Blätter (DIN A4) mit Spuren von: Hase, Katze, Reh
4 Blätter (DIN A4) mit Büffelspuren

Ein Erwachsener liest die Geschichte vor und zeigt alle Tätigkeiten, die in der Geschichte vorkommen, mit Händen und Füßen. Die Kinder spielen diese pantomimisch nach.

„Im Herbst, wenn die Bäume ihr gelbes Laub verlieren, schließen sich die in der Prärie umherirrenden Büffel zu einer großen Herde zusammen und ziehen den Rocky Mountains entgegen, um in den windgeschützten Gebirgstälern zu überwintern. Im Frühjahr, wenn die Sonne wieder warm vom Himmel scheint, machen sie sich auf, um wieder auf dem frischen Gras der Prärie zu weiden. Schon immer nahm der Büffelzug im Herbst und im Frühjahr dieselbe Richtung. Nur in diesem Jahr sind die Späher unseres Stammes schon seit Wochen auf der Suche nach den Spuren der Büffelherde. Die Fleischvorräte sind aufgebraucht, die Frauen können nur noch Maiskuchen backen und nach wilden Beeren suchen. Endlich hat einer der Späher zwei Tagesritte entfernt einige Büffel entdeckt! Ob es die große Herde ist? Nun ziehen die Jäger los:

Sie n-e-h-m-e-n ihren Bogen über die Schulter, s-t-e-c-k-e-n genügend Pfeile in den Köcher. Kommt wir reiten los! (Handzeichen für „Reiten"). Und sie r-e-i-t-e-n auf ihren wilden Pferden durch die Prärie – bis zum Sonnenuntergang, erst dann erreichen sie den großen Fluss. Wir müssen den Fluss durchqueren! Und sie s-c-h w i-m-m-e-n durch den Fluss ... gegen die Strömung ... und endlich erreichen sie das bewaldete Ufer ... sie h-ä-n-g-e-n ihre nassen Kleider über die Büsche ... und legen sich s-c-h-l-a-f-e-n ...

Am nächsten Morgen haben sie großen Hunger. (Handzeichen „Hunger" – alle Kinder zeigen sich gegenseitig, dass sie hungrig sind). Wir müssen unbedingt was essen! Da e-n-t-de-c-k-e-n sie Spuren (auf dem Boden liegen Blätter mit Hasen-, Katzen- und Rehspuren). Seht mal hier sind Tierspuren! Sind das Büffel? Kopfschütteln. Was für ein Tier könnte das gewesen sein? (Blatt für Blatt hochheben, „Hase", „Katze" und „Reh" zuordnen, evtl. dazuschreiben).

Aber nach den Büffeln müssen wir wohl weiter suchen! Sie k-l-e-t-t-e-r-n auf einen Baum, um die Prärie weit überblicken zu können. Aber sie können weit und breit keine Büffelherde sehen. Und so r-e-i-t-e-n sie weiter in Richtung Norden. Da taucht ein kleiner Bach auf, über den sie leicht s-p-r-i-n-g-e-n können. Plötzlich finden sie viele Spuren (ein Stückchen weiter weg liegen auf dem Boden vier Blätter mit Büffelspuren). BÜFFEL! BÜFFEL! BÜFFEL!

Hier könnte eine Herde getrunken haben!! Langsam s-c-h-le-i-c-h-e-n sie durch das hohe Gras – lautlos, ganz leise ... und s-p-ä-h-e-n (Hand über die Augen als Sonnenschutz) hinter einem großen Stein hervor – da! Die große Büffelherde! Sie schwingen sich auf ihre Pferde und r-e-i-t-e-n von allen Seiten auf die Büffel zu – sie s-c-h-ie-ß-e-n mit Pfeil und Bogen ... und noch einen Pfeil .... und noch einen.

Die Büffel fliehen in wildem Galopp! Aber einige sind getroffen und bleiben am Boden liegen. So viele Büffel haben sie noch nie erlegt! Die Indianer t-a-n-z-e-n mit wildem Freudengeheul, u-m-a-r-m-e-n sich und k-l-o-p-f-e-n sich gegenseitig auf die Schultern – endlich haben sie wieder genug zu essen!

Kleines Lagerfeuer · Stockbrot

Auch im Winter kann ein Feuer im Grill auf Balkon, Terrasse oder im Garten vor dem Haus der krönende Abschluss des Geburtstages sein. Dick angezogen kann das Stockbrot über dem Feuer gebacken und drinnen gegessen werden (Rezept s. S. 60).

Feuermachen war für Indianer eine tägliche Aufgabe. Unter Anleitung eines Erwachsenen können die Kinder Äste sammeln oder bereitgelegte Äste zerkleinern und nach Größe sortieren.

Dabei kann das Wissen der Kinder getestet werden:

- Wie wird ein Lagerfeuer gemacht?
  Erst Reisig oder kleine Stöckchen anzünden, später größere Äste dazu legen.
- Warum umranden große Steine das Feuer?
  Damit das Feuer sich nicht ausbreiten kann.
- Wie wird ein Feuer gelöscht?
  Die glühenden Stämme verteilen und zerkleinern, mit Sand/Erde ersticken, mit Wasser löschen.
- Kann Wind das Feuer ausblasen?
  Nein, Feuer breitet sich durch Wind eher noch weiter und schneller aus.
- Was sind Rauchzeichen?
  Für Botschaften über weite Entfernungen benutzten die Indianer Rauchzeichen z. B. drei Rauchwolken = „Büffelherde".

In die Mitte leicht entzündliches Material (Stroh, Reisig), dann dickere Äste legen. Die Kinder können abwechselnd nachlegen.

Frisches Stockbrot: der Partyhit!

Ein echtes Lagerfeuer: Das Highlight bei jedem Fest!

Büffeltanz

Trommeln, Steine, Stöcker, Masken, Topf + Kochlöffel

Die Indianer feierten die erfolgreiche Jagd mit einem Tanz um das Lagerfeuer (Grill). Da die Kinder oft zögern, bis sie sich frei in wildem Indianertanz bewegen, kann folgendes Spiel den Anfang machen:

Für Kleine: Die Kinder stellen sich hintereinander auf und legen die Hände an die Hüften des Vordermanns. Den Tanzrhythmus mit einer Trommel vorgeben 1-2-3-4,
1-2-3-4. Betonung auf 1 – dazu singen:
„Hei-ja-ja-ja, Hei-ja-ja-ja". Die Kinder stampfen dazu. Der Rhythmus wird immer schneller, die Hände können nun gelöst werden und jeder kann wild herumtanzen!

Für Große: Rhythmus selber schlagen, mit den selbstgebastelten Trommeln oder zwei Steinen/Stöcken/Kochlöffel + einem Topf.

Der Tanz kann auch zur Beschwörung der Geister, z. B. um endlich Regen zu schicken, dienen. Dazu müssen unbedingt Geistermasken (s. „Basteln und Spielen" S. 53) getragen werden! Die Kinder können im Stampfrhythmus rufen „Re-gen, Re-gen komm!"

Marterpfahl

Ein Papa oder ein großer Freund spielen ein „Bleichgesicht", das ist ein Weißer, der den Indianern das Land wegnehmen will. Er muß gefangen und an den Marterpfahl gefesselt werden.

Er kann mit den Indianern Freundschaft schließen, und später am Lagerfeuer wird gemeinsam die Friedenspfeife geraucht.

An den Marterpfahl mit dem Bleichgesicht!

Fleischbällchen

500 g Hackfleisch gemischt, 1 kleine Zwiebel, 1 Ei, Pfeffer und Salz, 1 Semmel in Milch eingeweicht

Zwiebel würfeln, mit dem Ei und eingeweichter Semmel zum Hackfleisch geben, würzen und zu Bällchen formen. In Semmelbröseln wälzen und in etwas Öl in der Pfanne braten.

Die lieben alle Kinder …

Kräuterbutter

1 Stück weiche Butter, ½ Bund Schnittlauch, ½ Bund Petersilie, Salz, eine Knoblauchzehe zerdrückt

Die Kräuter klein hacken, zur Butter geben und mit etwas Salz gut vermischen. In den Kühlschrank stellen.

Geröstete Maiskolben

1 Maiskolben pro Kind

Maiskolben in kochendes Wasser geben, 5 Min. auf geringer Stufe kochen lassen, mit Küchenpapier abtrocknen, dann auf den Grillrost legen bis sie leicht braun geröstet sind. Nun mit Kräuterbutter bestreichen und salzen.

Stockbrot

500 g Mehl, 1 Würfel Hefe, 1 Prise Salz, ¼ l Milch, 50 g Zucker, 100 g Butter

Mehl in eine Schüssel geben, in die Mitte eine Mulde machen. Zucker und Hefe in lauwarmer Milch auflösen und in das Loch geben. Flüssige Butter, Salz und Ei zugeben und alles verkneten. Eine Stunde an einem warmen Ort gehen lassen.
Für jedes Kind einen Stecken (Haselnuß- oder Weidenrute) schneiden.
Teig gut durchkneten, Stränge formen und um Stecken wickeln. Hände dabei immer wieder mit Mehl bestäuben. Die Stecken über die Glut halten, bis das Brot knusprig hellbraun aussieht. Mit Kräuterbutter bestreichen – großartig, auch bei Grillabenden mit Erwachsenen.

Wenn das Brot zu schnell dunkel wird: Teig am Stock mit Alufolie umwickeln.

Bei schlechtem Wetter kann man aus dem Hefeteig ca. 10 Brötchen formen und diese 15 Min. im Backofen (bei 180 °C) backen.

Indianer-Chili mit Fladenbrot

500 g Hackfleisch gemischt, 1 kleine Zwiebel, 1 Dose Mais, 1 Dose Kidney-Bohnen, 1 Glas Tomatensoße, ¼ l Wasser mit 2 TL Gemüsebrühe, etwas Sahne, 2 Packungen Pita-Taschen

Zwiebel würfeln und in etwas Öl glasig dünsten, Hackfleisch anbraten, mit dem Holzlöffel zerbröseln, Gemüsebrühe zugeben. Tomatensoße einrühren und mit Sahne abschmecken, Mais und Bohnen untermischen, evtl. mit Salz und Chayennepfeffer nachwürzen.
Pita-Taschen im Backofen/Grill anrösten. Chili in Taschen füllen oder Taschen als Fladenbrot zum Chili essen.

… ein richtiges Indianeressen.

Römer-Geburtstag

Ave Cäsar! Mit dem Geburtstagskind auf den Spuren der alten Römer wandeln heißt, eine Tunika tragen, ein Schwert basteln, römische Spiele kennen lernen und: bei Gladiatorentorte, römischem Eis und Mostbrötchen schlemmen wie die alten Römer!

Einladung

HEVTE VM IV VHR GIBT ES KVCHEN

Tipp: Die „Us“ wie ein „V“ schreiben, dann sieht es noch mehr nach lateinischer Schrift aus.

Mosaike

Modelliermasse oder selbsthärtender Ton, Glasmosaiksteine

Kleine Täfelchen aus Ton ausrollen, einige Mosaiksteinchen hineindrücken und die Einladung mit einem Nagel oder Schaschlikstäbchen einritzen.

Einladungstext:

Lieber Leo,
am 14.8. ist mein Römer-Geburtstag.
Kommst du?!
Linos

Schriftrollen

Die Einladung auf ein längliches Stück Papier schreiben, an die obere Querseite einen Holzstab (ca. 4 mm Durchmesser) kleben. Das Papier wird aufgerollt und mit einem Faden zugebunden.

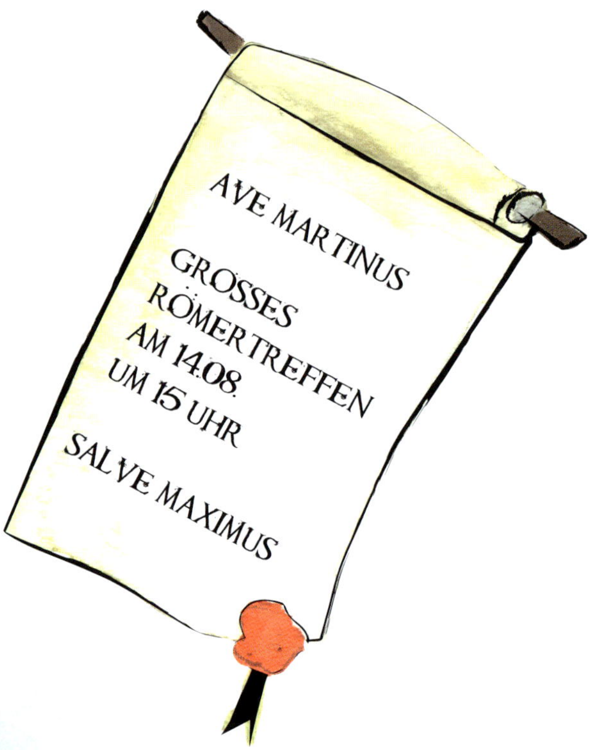

- Kissen auf den Boden legen
- Decken, alte Stoffe oder Betttücher über Stühle und Bänke hängen, ein richtiges „Lager" herstellen, schließlich haben die Römer sogar im Liegen gegessen
- Körbe und Tonkrüge verteilen
- Eine Schale mit Weintrauben (am besten eine Etagere) auf den Boden stellen
- Keramikbecher für den Most bereitstellen
- Schöne Servietten mit mediterranen Motiven (Orangenzweige oder Oliven) verteilen
- Hängematte aufhängen!

Cäsar macht es sich bequem.

In einer Hängematte fühlt es sich richtig römisch an.

Einstimmung

Musiktipp: „Gladiator - More Music from the Motion Picture" „Synaulia - Music from Ancient Rome vol. 1 Wind", „Instruments, vol. 2 String Instruments"

Schreibblock und Stifte bereitlegen (für römische Schriftzeichen)

Wo lebten die Römer?
In der Stadt Rom.

Was ist ein Aquädukt?
Eine große Brücke, über die das Wasser in Rohren floss. Fließendes Wasser war damals etwas ganz Besonderes.

Wie lange ist es her, dass die alten Römer lebten?
2500 Jahre.

Was trugen die Römer für eine Kleidung?
Toga, Tunika.

Was sind Sklaven?
Die reichen Römer ließen alle Arbeiten von ihnen durchführen, die Sklaven hatten keine Rechte und waren meist Kriegsgefangene.

Wo liegt Rom?
In Italien.

Wer waren die Gladiatoren und was machten sie?
Es waren Sklaven oder Gefangene, die gegeneinander oder gegen wilde Tiere kämpfen mussten. Wenn sie Erfolg hatten, wurden sie manchmal freigelassen.

Sahen die römischen Zahlen so aus wie unsere heute?
Nein, kennt ihr römische Zahlen? (I, II, III, IV, V, VI, VII, VIII, IX, X)

Wofür waren sie berühmt?
Sie eroberten viele Länder, waren technisch sehr weit entwickelt (Aquädukte, Thermen).

Hatten die Römer schon Geld?
Ja, Münzen aus Silber, Kupfer und Gold.

Wisst ihr, ob es in der Schule Hefte gab?
Nein, man schrieb auf kleinen Holztäfelchen, denn Papier war viel zu teuer.

Was meint ihr, gab es damals schon Schulen?
Ja, aber nur die reicheren Leute konnten es sich leisten, das Schulgeld zu zahlen.

Was haben die alten Römer gegessen?
Sie hatten wie wir drei Hauptmahlzeiten. Zum Frühstück gab es Käse, Oliven und Brot, mittags die Reste vom Vortag und das Abendessen war die wichtigste Mahlzeit des Tages. Manchmal setzte es sich aus bis zu sieben Gängen zusammen. Hauptsächlich gab es Fleisch, Fisch und Getreide. Gewürzt wurde mit Essig und vielen Kräutern und einer Sauce aus Fisch.

Welche Sprache haben die Römer gesprochen?
Lateinisch. Diese Sprache ist heute ausgestorben, wird aber noch in Schulen gelehrt. In den Naturwissenschaften benutzt man noch viele lateinische Fachwörter. Aber es gibt auch eine Vielzahl moderner Produkte, deren Namen ans Lateinische angelehnt sind:

lat. Wort	**deutsche Übersetzung**	**in Werbung verwendet**	
labellum	Lippe	Labello	Lippenbalsam
odor	Geruch	Odol	Mundwasser
niveus/a/um	schneeweiss	Nivea	Hautcreme
penaten	röm. Schutzgötter	Penaten	Babypflege
volvo	ich rolle	Volvo	Automarke
astrum	Stern	Opel Astra	Automarke
lupus	Wolf	VW Lupo	Automarke
duplex	doppelt	duplo	Schokoriegel
Mars	röm. Kriegsgott	Mars	Schokoriegel
vita	Leben	Vitalis	Müsli
Apollon	Gott des Lichts	Apollinaris	Mineralwasser
magnus	groß	Magnum	Eis
vox	Stimme	Vox	Fernsehsender

Die Kinder können sich jetzt römische Namen geben! Hier finden Sie einige Anregungen, aber natürlich kann man auch die eigenen spielerisch verändern, damit sie lateinisch klingen:

GAJUS CAESAR URSA

ANTONIUS MAXIMUS

TACITUS

RUFUS TITUS

DIANA BRUTUS

LUCINA PHYLLIS

Die Namen können auf Adressaufkleber geschrieben und an die T-Shirts geklebt werden.

Gladiatorentorte

Ganz römisch: eine Arena (Vorbild ist natürlich das Kolosseum in Rom) für den heldenhaften Gladiatorenkampf!

Rührteig:
375 g weiche Butter oder Margarine,
375 g Zucker, 1 Prise Salz,
1 Päckchen Vanillezucker
verrühren,

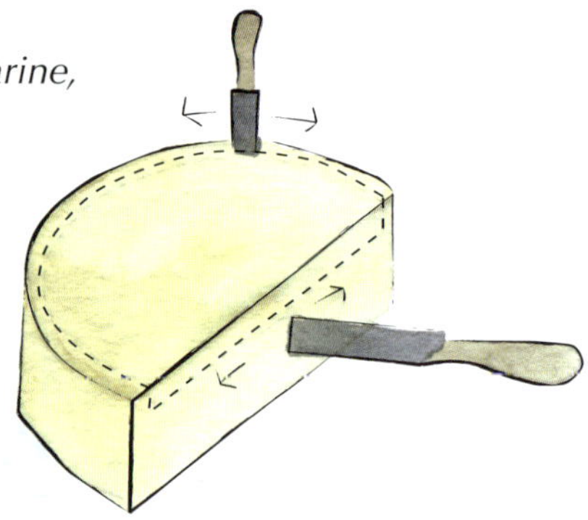

6 Eier nach und nach zugeben

600 g Mehl,
1½ Päckchen Backpulver
vermischen und unterrühren.

Evtl. etwas Wasser zugeben, bis der Teig reißend vom Löffel fällt.

Den Teig in eine gefettete Springform füllen, in den Backofen schieben und auf 175 °C schalten. Etwa 1 Stunde und 10 Min. backen. Nachdem der Kuchen ausgekühlt ist, einmal in der Hälfte durchschneiden und stufig schneiden. Dazu mit einem kleinen scharfen Messer immer ca. 1–2 cm vom Rand entfernt 1cm tief einschneiden, dann diese Schicht mit einem großen, flachen Messer flach abschneiden und rausheben; so Stufe für Stufe weiterarbeiten.

Die Torte im Querschnitt.

... und so sollte es dann von oben aussehen.

Dekoration
Zum Schluss werden die beiden Hälften wieder zusammengesetzt und mit zwei Packungen weißer Kuvertüre, die im Wasserbad geschmolzen wird, bestrichen. In der Mitte machen sich ein römischer Gladiator oder Löwen und Elefanten besonders gut.

Römische Muffins

280 g Mehl (Type 405), 1 Packung Backpulver, 1 Msp. Natron, ½ TL Zimt, 1 Ei, 130 g brauner Zucker, 1 Packung Vanillezucker, 80 ml neutrales Öl, 250 g Buttermilch

Den Backofen auf 180 °C vorheizen. Das Muffin-Blech fetten oder Papierförmchen hineinsetzen. Mehl in eine Schüssel geben und mit Backpulver, Natron, Zimt und Schokotröpfchen vermengen. Das Ei in einer größeren Schüssel leicht verquirlen. Zucker, Vanillezucker, Öl und Buttermilch hinzufügen und gut verrühren. Die Mehlmischung dazugeben und nur so lange rühren, bis die trockenen Zutaten feucht sind. In die Blechvertiefungen füllen. In der Mitte des Backofens 20–25 Min. bei 180 °C (Umluft 160 °C) backen.

Dekoration
Zuckerguss aufstreichen, Weintrauben oder Geldmünzen (Schokotaler) auflegen.

Für das Geburtstagskind

Römische Tunika
alte Betttücher oder weißer Stoff (z. B. Baumwollnessel), rote und goldene Farbe (am besten Stofffarbe, Bastel- oder Dispersionsfarbe funktioniert aber auch, wenn es nicht so waschfest sein muss), Pinsel, nach Wunsch: Stempel aus Moosgummi und Holzklötzchen

Vorbereiten:

- Je nach Größe rechteckige Stoffstücke zuschneiden. Die Teile sollen so breit sein wie die fertige Tunika und doppelt so lang. (Nicht zu eng, etwa Schulterbreite plus 20 cm.)

- Den Stoff einmal quer falten, oben in den Knick einen Ausschnitt einschneiden. Bis auf die beiden Armausschnitte (etwa die oberen 20 cm) die Seiten schließen. Tunika evtl. unten umsäumen.

- Wenn man möchte, kann man aus Moosgummi noch Stempel anfertigen. Dazu römische Ornamente auf das Gummi zeichnen, ausschneiden und auf Klötze kleben.

Kindern ist es nicht wichtig, ob die Tunika fein säuberlich verarbeitet ist. Also nicht zu viel Zeit und Mühe auf das Nähen verwenden. Auch franselige Tuniken sehen toll aus, und die Bemalung reißt sowieso alles raus ...

Bemalen:

- Auf die Tuniken werden an Ärmeln, Ausschnitten oder am Saum rote Streifen aufgemalt. Trocknen lassen, dann mit goldener Farbe Muster und Ornamente malen oder stempeln. Die Stempel mit Farbe einpinseln und auf den Stoff drücken.

- Wem das Trocknen der Streifen zu lange dauert oder wenn die Kinder noch zu klein sind, kann dieser Arbeitsschritt im Anschluss ans Nähen schon mit vorbereitet werden.

- Bei Verwendung von Stofffarben diese nach Anleitung einbügeln. Das Gewand in der Taille mit einem Strick zusammenbinden.

Für alle

Toga
Bettlaken oder Tücher über die Schulter hängen, mit Band oder Brosche auf der Schulter raffen, an der Taille etwas auseinanderziehen und mit Bändern oder Kordeln als Gürtel befestigen.

Tunika
Ein T-Shirt in Übergröße verwenden, das in der Taille mit einem Strick oder Bändern zusammengebunden wird. Wer Lust hat, kann die Shirts auch noch bemalen oder stempeln.

... eine schöne Römerin.

Schminken

Die feinen Damen schminkten sich im alten Rom. Die Gesichter wurden ganz blass geschminkt, die Lippen mit rotem Ockerpulver oder Rotwein gefärbt, für die Augenbrauen und als Lidschatten nahm man schwarze Asche oder Ruß.

Schminkkasten verwenden, das macht weniger Schmiererei und geht leichter wieder ab!

Römische Münzen

Selbsthärtende Modelliermasse, Korken oder Holzklötzchen Lackfarbe (wasserlöslich) in Silber und Gold, Pinsel

Am Tag vorher:
Zuerst stellt man den Prägestempel her, damit die eigentlichen Münzen später ein plastisches Muster haben.
Die Modelliermasse dazu dünn ausrollen und Muster in Münzform einprägen. Dazu kann man entweder alte Münzen direkt in die Masse drücken oder man ritzt Buchstaben und presst kleine Muster aus geschnittenem Karton ein. Die Münzen kreisförmig ausschneiden und trocknen lassen. Diese fertigen Stempel kann man dann auf Korken oder kleine Holzklötzchen kleben.

Bei der Feier:
Die Modelliermasse dünn ausrollen und mit den Stempeln die Münzen eindrücken. Kreisförmig ausschneiden und trocknen lassen (am besten im Backofen, je nach Modelliermasse). Zum Schluss die Münzen mit gold- und silberfarbener Lackfarbe anmalen.

Aus Alu- oder Goldfolie 24 cm x 12 cm große Streifen schneiden, erst der Länge nach dreimal falten, dann diesen Streifen so oft falten, bis ein kleines Quadrat entsteht. Jetzt die Ecken noch umfalten, damit das Plättchen rund wird, Schriftzeichen und Muster in die Münze ritzen.

Wachstäfelchen

Sperrholzreste, Laubsäge, Bienenwachs, Holzleim, Feile, Schmirgelpapier, Schaschlikstäbchen

Vorbereiten:
Aus dem Sperrholz kleine Täfelchen in beliebiger Größe zuschneiden (10 cm x 15 cm). Außerdem zwei Holzstreifen zuschneiden, die so lang sind wie die Querseiten des Brettchens und ca. 1 cm breit.
Für die Längsseiten zwei Holzstreifen zuschneiden, die so lang sind wie die Seiten abzüglich der Breite der Streifen (z. B. 2 x 10 cm und 2 x 13 cm). Die Holzstreifen als Rahmen auf das Brettchen kleben und dann die Kanten schön glatt schmirgeln.

Beim Fest:
Bienenwachs in einem kleinen Topf auf dem Herd schmelzen und in die Täfelchen füllen. Wenn das Wachs ausgekühlt ist, kann man Bilder oder Buchstaben hineinritzen. Zum Glätten das Wachs mit einem Spatel o. Ä. wieder glatt streichen oder Backpapier drauflegen und drüberbügeln.

Lederbeutel

Lederreste, Lederschnüre oder dünnen Strick, evtl. Locher, Lochzange oder Stanzeisen

Aus dem Leder Kreise von etwa 20–25 cm Durchmesser ausschneiden. Im Abstand von ca. 3 cm vom Rand kleine Schlitze einschneiden oder Löcher stanzen. Jetzt nur noch eine Schnur durchfädeln und den Beutel zusammenziehen.

Aus dem zugeschnittenen Leder…

… wird mit etwas Geschick ein echter römischer Beutel.

Schmuck

Kupfer- oder Silberdraht (nicht zu dünn), Kneifzange, für Armbänder um ein Glas, für Ringe um einen Kochlöffel wickeln.

Aus dem Draht Ringe, Armbänder oder Oberarmreifen biegen – fertig!

Alternative für silberne Armbänder: Alufolie in lange Streifen schneiden, diese mehrmals der Länge nach falten und zusammendrehen bzw. -zwirbeln. Dann um das Handgelenk wickeln und die Enden fest zusammendrücken.

Mosaike

Selbsthärtender Ton oder Modelliermasse, gemischte Mosaiksteine oder Glasscherben

Die Modelliermasse mit einer Teigrolle ausrollen und die Steinchen hineindrücken.
Trocknen lassen – fertig!

Dolche oder Schwerter

dicke Pappe (Wellpappe), Alufolie oder Metallicfarbe, Schere

Dolche oder Schwerter ausschneiden und mit Folie oder Farbe verzieren.

Varianten:
Löcher in den Griff stechen und Heftklammern durchstecken. Klunkersteine daraufkleben. Die Griffe noch mit Silber-, Gold- oder Kupferdraht umwickeln. Für die Griffe Ornamente aus Metallfolie zuschneiden und in diese mit Nadeln oder Nägeln Muster drücken oder ritzen.

Bei einem Jungengeburtstag sehr zu empfehlen!

Ein selbstgebastelter Römerdolch.

Römisches Mühle

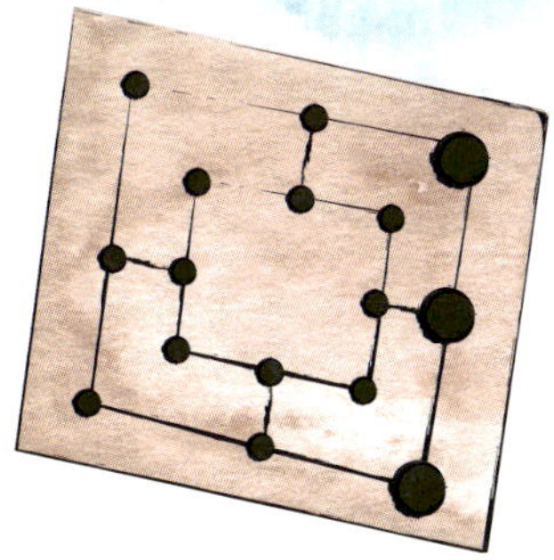

Kann in den Sand geritzt oder aus Ton geformt werden. Als Spielsteine werden Kiesel benutzt.

Selbsthärtender Ton oder Modelliermasse,
2 x 5 Kieselsteine in verschiedenen Farben

Den Ton ausrollen und ein Quadrat ausschneiden. Dann die Linien wie abgebildet mit einem Holzstäbchen oder Messer einritzen oder eindrücken.

Eine Variante:

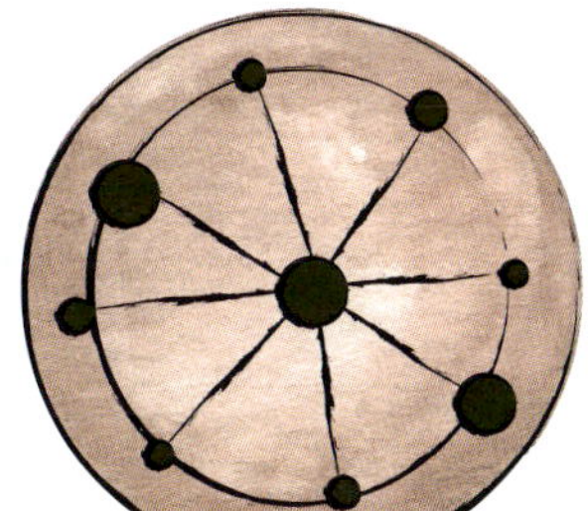

Spielregeln:

- Jeder Spieler hat fünf Steine und versucht, eine Dreierreihe zu legen.
- Man legt immer abwechselnd einen Stein auf das Brett.
- Immer, wenn man eine Reihe hat, darf man dem anderen einen Stein wegnehmen.
- Wenn alle Steine abgelegt sind, wird geschoben.
- Verlierer ist, wer zuerst nur noch zwei Steine hat.

Orca-Spiel

- Fünf Nüsse (Haselnüsse) für jedes Kind
- Eine kleine Tonschüssel (Orca)

Das kleine Gefäß wird zwei Meter entfernt von den Spielern aufgestellt. Jeder versucht reihum hineinzutreffen. Jeder Treffer ist ein Punkt, natürlich gewinnt der mit den meisten Treffern.

Archäologische Ausgrabungen

Aus einem Fliesengeschäft können Sie sich bunte Kacheln beorgen. Reststücke gibt es oft sogar geschenkt. Oder Sie fragen bei einer Töpferei oder in einem Porzellanladen nach zerbrochenen Stücken, die sonst sowieso im Müll landen.

Diese Scherben werden im Sandkasten vergraben.

Den Kindern geht es gar nicht so sehr darum, was vergraben ist. Entscheidend ist die Spannung der „Schatzsuche". Besonders zu empfehlen bei Kleineren.

Diese Statue kann sich aber gut beherrschen!

Statuen-Spiel

Ein Kind stellt sich hin wie eine römische Statue. Die anderen versuchen, es zum Lachen zu bringen, ohne es zu berühren. Dann ist der Nächste an der Reihe.

Man kann auch gleichzeitig mit verschiedenen Paaren spielen. Wenn einer lacht oder sich bewegt, werden die Rollen getauscht.

… bei den Grimassen muss man einfach lachen!

Römisches Eis

Die reichen Römer ließen sich aus den Alpen Schnee oder Gletschereis bringen, das sie dann mit verschiedenen Aromen versahen und als Delikatesse verspeisten.

Eiswürfel, Getränkesirup

Die Eiswürfel werden so fein wie möglich zerkleinert. Dazu kann man die Küchenmaschine nehmen (wenn der Aufsatz nicht aus Glas ist), einen Ice-Crusher – oder man zerschlägt die Würfel in ein Küchenhandtuch eingewickelt mit dem Fleischhammer.

Der „Schnee" wird in Schüsselchen gefüllt und mit Sirup nach Geschmack übergossen.

Lecker und supererfrischend! Das Römische Eis wird bei uns den ganzen Sommer zelebriert ...

Römisches Eis.

Und während die einen noch basteln oder spielen, haben andere vielleicht schon Lust, mit den Vorbereitungen für das Abendessen anzufangen:

Moretum-Käseaufstrich

½ kg Mehl, 40 g Hefe, 0,3 l Traubensaft, 2 Esslöffel Aniskörner, 1 Esslöffel ganzer oder gemahlener Kümmel, 100 g Schmalz, 50 g geriebener Käse (am besten Schafskäse), ca. 20 Lorbeerblätter

Einen Hefeteig zubereiten, den Teig gehen lassen, Brötchen formen, jedes auf ca. 3 Lorbeerblätter setzen und etwa 30 Min. bei 180 °C backen.

Der Teig kann auch als Fladen- oder Stockbrot über dem Grill gebacken werden.

Beim Teig kneten.

Zu trinken gibt es natürlich Traubensaft und Wasser.

Moretum-Käseaufstrich

500 g Schafskäse aus der Salzlake (man kann auch Quark nehmen, wenn die Kinder keinen Käse mögen), 2 Esslöffel Olivenöl, 1 Esslöffel Essig, 1 Knoblauchzehe, Selleriegrün, 2 weitere frische Kräuterbündel (je nach Jahreszeit), eine Jungzwiebel, Salz, Handrührgerät oder Mixer

Den Knoblauch fein schneiden und mit Salz zerdrücken (oder durch die Knoblauchpresse Saft herausdrücken). Die Zwiebel fein schneiden ebenso wie die Kräuter. Käse aus der Lake heben und mit einer Gabel ganz fein zerdrücken. Dann alles in ein Handrührgerät geben, Essig und Öl dazuschütten und kräftig mixen. Die fertige Masse zu einer Kugel formen und zu dem heißen Brot servieren (Brot lässt sich schneiden).

Leckere Fleischspieße auf dem Grill.

Lukanische Fleischklößchen

750 g Hackfleisch, 150 g Griebenschmalz, 40 g Pinienkerne, ½ TL gemahlener Pfeffer, 1 TL Kümmel, 1 TL Bohnenkraut, ½ TL Weinraute (wenn vorhanden), ½ TL Rosmarin, ½ TL Thymian, 2 zerkleinerte Lorbeerblätter, 2 EL Liquamen (Fischsauce aus dem Asialaden, Ersatz durch Sardellenpaste, Worcestersauce oder Salz)

Alle Zutaten gut mischen und kneten. Dann kleine Klößchen formen und in Olivenöl braten. Die Fleischklößchen schmecken auch kalt sehr lecker!

Fleischspieße

Fleischwürfel, Zwiebeln, Paprika

Die Fleischwürfel abwechselnd mit Paprika- und Zwiebelstückchen auf Spießchen stecken und braten.

Fleischklößchen und Spieße können im Garten natürlich auch auf dem Grill zubereitet werden.

Olympia-Geburtstag

Höher, Schneller, Weiter! Um die Wette rennen, springen, zielen, balancieren oder werfen ... Ein Olympia-Geburtstagsfest ist besonders im Sommer die perfekte Wahl. Dabei kämpfen wir hier ganz nach dem Olympischen Motto: „Dabei sein ist alles!“, denn ohne Konkurrenzdenken ist die Stimmung bestens.

Zulassung vom Olympischen Komitee

Zeichenkarton DIN A4, Stifte, Prägefolie bronze/gold

Papier in der Mitte zu einer Klappkarte falten, auf das Deckblatt die Olympischen Ringe zeichnen. Einen Streifen Metallprägefolie ausschneiden, auf eine weiche Unterlage (z. B. Styropor) legen und mit einem Kugelschreiber in Spiegelschrift Ort und Jahr darauf schreiben (vorher auf Papier testen!). Den Metallstreifen auf die untere Kante kleben. Auf der Innenseite können oben die Namen der Kontinente (in der entsprechenden Farbe und Anordnung der Olympischen Ringe) geschrieben werden:
blau = Europa, schwarz = Afrika, rot = Amerika
gelb = Asien, grün = Australien.

Ort und Jahr ebenfalls mit einem Stift schreiben.

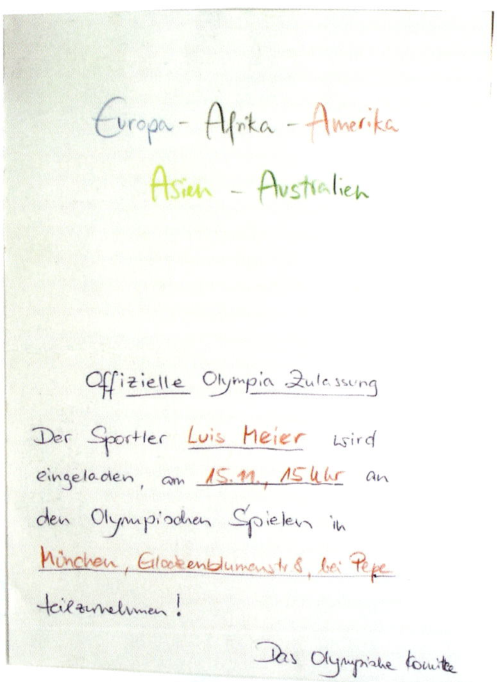

Europa - Afrika - Amerika
Asien - Australien

Offizielle Olympia Zulassung

Der Sportler Luis Meier wird eingeladen, am 15.11., 15 Uhr an den Olympischen Spielen in München, Glockenblumenstr. 8, bei Pepe teilzunehmen!

Das Olympische Komitee

Einladungstext

Auf der Innenseite unten kann der Einladungstext im „offiziellen" Stil des Olympischen Komitees geschrieben werden:

Offizielle Zulassung zur Olympiade
Der Sportler Lucas Klein wird eingeladen, am 15.11., um 15 Uhr an den Olympischen Spielen in Köln, Waldrebenstr. 8, bei Sophie teilzunehmen!
Das Olympische Komitee

Die Olympische Fackel

Innenrolle von Küchenpapier oder Alufolie, Krepp-Papier in orange und rot, ein Stück Stoff (z. B. Sackleinen), Farben und Pinsel

Ein Rechteck (l = 15 cm, h = 10 cm) aus rotem Krepp-Papier auf der Längsseite in dünne Streifen schneiden, dabei 1 cm Rand stehen lassen, einrollen, mit Klebestreifen in der Rolle festkleben. Aus dem orangenen Krepp-Papier ein Quadrat ausschneiden und tütenförmig um die Rolle kleben. Die Rolle hellbraun anmalen, trocknen lassen, die Olympischen Ringe an den Rand malen, Einladungstext schreiben. Einen Streifen Stoff/Sackleinen (l = 10 cm, h = 8 cm) um den oberen Rand kleben und schwarz überpinseln.

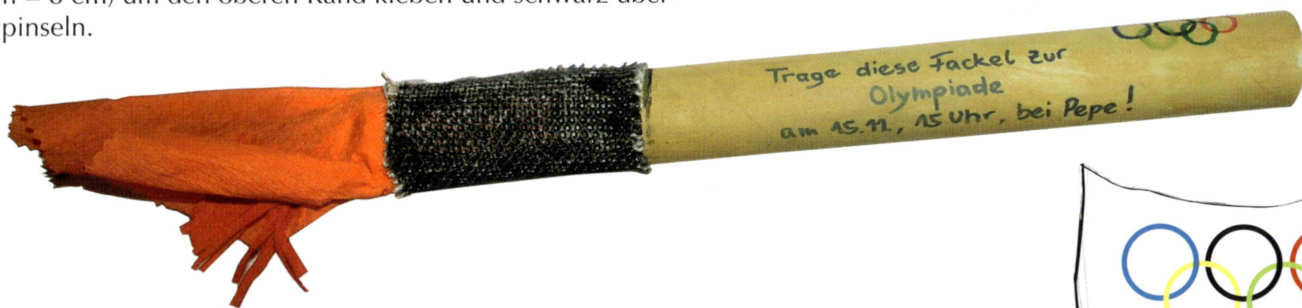

Einladungstext

Trage diese Fackel zur Olympiade am 24.07., 15 Uhr bei Pepe!

Im Baumarkt Fackeln kaufen, Text auf einen Papierstreifen schreiben und um den Fackelstab kleben.

Die Olympische Fahne

Weißes Bettlaken mit den olympischen Ringen.

Der Austragungsort

Großes Pappschild/Papier mit dem Schriftzug der Stadt und Jahreszahl („Köln 2010")

Das Olympische Feuer

Das Rechaud vom Fondue oder ein Alutöpfchen mit Brennpaste (Drogerie- oder Baumarkt), draußen können noch Gartenfackeln aufgestellt werden.

Die Teilnehmernationen

Auf DIN A4-Blätter Nationalflaggen malen und an einer Wäscheleine quer durch das Zimmer aufhängen (s. Vorlagen S. 87).

Die Wettkampfstätten

Die bereitstehenden Sportgeräte repräsentieren das Geburtstagsmotto!

Das olympische Feuer!

Die Medaillen

Buttermilchbecher, Modelliermasse (z. B. efaplast für die Mikrowelle), goldene Bastelfarbe, Stoffband oder Geschenkbändchen, evtl. Bastelfarbe in rot, grün, blau, gelb, schwarz, Strohhalm

Die Buttermilchbecher so weit abschneiden, dass der Rand nur noch 3 cm hoch ist. Aus Modeliermasse eine Scheibe formen und in den Boden hineindrücken. Mit einem dicken Strohhalm ein Loch in die Nähe des Randes stanzen. Trocknen lassen, mit Goldfarbe anmalen. Ein Band durchs Loch ziehen und die Enden verknoten.

Fertige Medaillen kaufen (Bastelbedarf).

Die unbemalten Medaillen.

Die Siegerehrung

Für das Siegerpodest verschieden große Hocker (oder ein Hocker, zwei niedrigere, leere Sprudelkästen) nebeneinanderstellen, Bettlaken oder Tischtuch darüber legen, evtl. 1, 2, 3 drauf schreiben.

Weitere Gewinne können auf einem Tisch neben dem Siegerpodest liegen: Medaillen, Maskottchen, Müsli- und Energieriegel, isotonische Getränke oder Trinkflaschen. Hier kann ebenfalls ein Kassettenrekorder stehen, sodass bei jeder Siegerehrung die Nationalhymne abgespielt wird.

Von den Goldmedaillen bekommt natürlich jeder eine ...

Maskottchen

Für jedes Kind ein kleines Plüschtier mit Schärpe ausstatten. (Stoffstreifen, mit Textilmalstift Ort und Jahr darauf schreiben, z. B. „Leipzig 2008".)

Alle Olympischen Spiele brauchen ein Maskottchen!

Einstimmung

Musiktipp:
„W.O. Nationalhymne", „Die Nationalhymnen Europas", „Hymnen der Welt"

Was sind die Olympischen Spiele?
Sportliche Wettkämpfe mit Teilnehmern aus allen Ländern.

Wie oft finden die Olympischen Spiele statt und wo?
Alle vier Jahre, immer in einem anderen Land.

Wie nennt man einen Wettkampf, bei dem vier Läufer nacheinander laufen und sich einen Stab übergeben?
Staffellauf

Warum heißen sie so?
Die Wettkämpfe fanden in der Stadt Olympia zu Ehren des griechischen Gottes Zeus statt.

Welche Farben haben die Olympischen Ringe und in welcher Reihenfolge stehen sie?
Blau-Schwarz-Rot
Gelb-Grün

Gibt es die Olympischen Spiele erst jetzt oder schon ganz lange?
Die ersten Olympischen Spiele fanden schon 776 vor Christi Geburt, also vor ca. 2780 Jahren statt. Im Jahre 393 wurden die Spiele vom damaligen christlichen Kaiser verboten. Er glaubte nicht an andere Götter und ließ die Sportstätten zerstören. Die Leute vergaßen die Spiele. Die ersten Olympischen Spiele der Neuzeit fanden 1896 in Athen statt.

Was ist das Symbol der Olympischen Spiele?
Die Olympischen Ringe. Sie wurden erst 1913 von einem Franzosen erfunden und stehen als Zeichen für Frieden und Verständnis unter den Völkern.

Welche Sportarten gab es schon ganz früher?
An den Spielen durften nur Männer teilnehmen, die sich im Fünfkampf, Laufen, Pferderennen und im Kampfsport messen konnten. Sportkleidung trugen sie nicht. Die Athleten waren nackt! Die Sieger erhielten auch keine Goldmedaille, sondern einen Kranz aus Ölbaumzweigen.

Was ist die Königssportart der Männer?
Der Zehnkampf, ein aus zehn Einzelübungen bestehender Mehrkampf.

Was ist der Olympische Eid?
Das olympisches Versprechen, das von einem Sportler des Landes, in dem die Spiele stattfinden, am Eröffnungstag gesprochen wird: „Im Namen aller Teilnehmer verspreche ich, dass wir uns bei den Olympischen Spielen als loyale Wettkämpfer erweisen, die Regeln achten und teilnehmen im ritterlichen Geist zum Ruhme des Sports und zur Ehre unserer Mannschaften."

Kennt ihr Sportarten, die zu den Sommerspielen gehören?
Leichtathletik, Schwimmen, Rudern, Reiten, Tennis, Judo, Ringen, Boxen, Radrennen, Turnen, Handball, Volleyball, Fußball, Wasserball, Beachvolleyball ...

Was bedeuten die Farben der Olympischen Ringe?
blau = Europa, schwarz = Afrika, rot = Amerika, gelb = Asien, grün = Australien.

Findet die Olympiade im Sommer oder im Winter statt?
Es gibt Sommer- und Winterspiele.

Wie sieht die Olympische Fahne aus?
Die Olympischen Ringe auf weißem Grund.

Kennt ihr Sportarten, die zu den Winterspielen gehören?
Rodeln, Biathlon, Ski-Langlauf, Skiabfahrt ...

Welche Sportarten gehören zur Leichathletik?
Laufen: Sprint, Hürden, Marathon; Springen: Weit-, Hoch-, Stabhoch- und Dreisprung; Werfen: Diskus- und Speerwerfen, Kugelstoßen.

Welche Sportarten gehören zum Zehnkampf?
100 m Laufen, Weitsprung, Kugelstoßen, Hochsprung, 400 m Laufen, 110 m Hürdenlauf, Diskuswerfen, Stabhochsprung, Speerwerfen, 1500 m Laufen.

Gibt es Länder, die noch nie eine Medaille gewonnen haben?
Ja, aber bei Olympia gilt für alle Sportler „Dabei sein ist alles!".

Die Olympischen Ringe

Wenig Aufwand – große Wirkung und Hefeteig schmeckt eigentlich allen!

Teig: 500 g Mehl, 1 Packung Trockenhefe, ¼ l Milch, 100 g Zucker, 1 TL Salz, 100 g Butter/Margarine, 1 Ei, Mehl für die Arbeitsfläche

Guss: 250 g Puderzucker, 4 EL Zitronensaft oder Wasser, Back-Speisefarbe rot, grün, blau, gelb

Alle Zutaten zu einem glatten Teig verkneten. Abgedeckt an einem warmen Ort etwa eine Stunde gehen lassen, bis sich das Teigvolumen verdoppelt hat.

Gut durchkneten, in fünf gleich große Kugeln teilen. Diese zu etwa 30 cm langen Strängen formen. In Form der Olympischen Ringe überlappend auf ein mit Backpapier ausgelegtes Blech legen und abgedeckt 20 Min. ruhen lassen. In den auf 200 °C (Umluft 170 °C) vorgeheizten Backofen schieben und etwa 30 Min. backen. Abkühlen lassen.

Für den Guss inzwischen den Puderzucker mit dem Zitronensaft zu einer festen Creme verrühren. In fünf Schälchen verteilen, jeweils einige Tropfen Speisefarbe zugeben und (von links nach rechts) blau-gelb-schwarz-grün-rot auf die Ringe streichen (Schwarz aus Blau, Rot und Grün mischen).

Aus dem Teig die Olympischen Ringe formen.

Den fertig gebackenen Kuchen bestreichen.

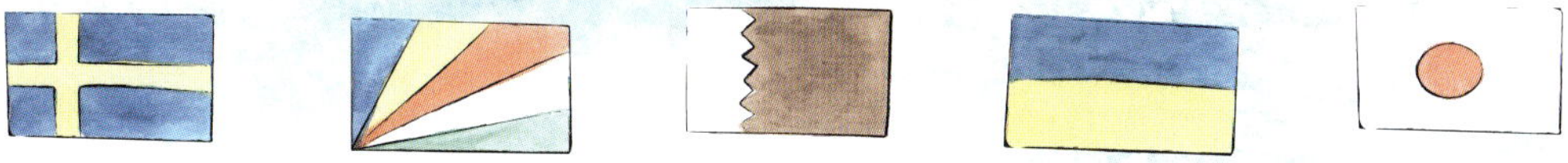

Nationen-Muffins

280 g Mehl (Type 405), 1 Päckchen Backpulver, 1 Msp. Natron, ½ TL Zimt, 3 EL Kakaopulver, 1 Ei, 130 g brauner Zucker, 1 Päckchen Vanillezucker, 80 ml neutrales Öl, 250 g Buttermilch, ½ Päckchen Schokotröpfchen oder ½ Päckchen Schokostreusel

Den Backofen auf 180 °C vorheizen. Muffinblech fetten oder Papierförmchen hineinsetzen. Das Mehl in eine Schüssel geben und mit Backpulver, Natron, Zimt, Kakao und Schokotröpfchen vermischen. Das Ei in einer größeren Schüssel leicht verquirlen. Zucker, Vanillezucker, Öl und Buttermilch hinzufügen und gut verrühren. Die Mehlmischung zum Eigemisch geben und nur so lange rühren, bis die trockenen Zutaten feucht sind. In die Blechvertiefungen füllen. In der Mitte des Backofens 20–25 Min. bei 180 °C (Umluft 160 °C) backen.

Dekoration:
Flaggen: Papierstreifen (l = 8 cm x h = 3 cm) zuschneiden, in der Mitte falzen, Flaggen aufmalen (s. Vorlage S. 87) Zahnstocher einlegen, zukleben.

Fertige Nationen-Cocktailfähnchen kaufen.

Olympia-T-Shirts

Günstige weiße T-Shirts kaufen, Moosgummi, Holzklötzchen/Unterdeckel von einem Joghurtbecher, Sekundenkleber, Stofffarben (blau, schwarz, rot, gelb, grün), Pinsel

Vorbereitung: Fünf Ringe aus Moosgummi schneiden und jeweils auf ein Holzklötzchen kleben.

Ein Olympia-T-Shirt.

Jedes Kind kann sein ganz eigenes Olympia-Shirt entwerfen! Einfach die Ringe mit der entsprechenden Stofffarbe einpinseln und auf das T-Shirt drucken.

Ort und Jahreszahl ergänzen. Zum Fixieren kurz bügeln, dabei Küchenrolle oder alten Lappen darüber legen!

Dabei ist der Spaß am eigenen Gestalten das Wichtigste, nicht wo die Ringe genau landen ... Mit dem Shirt fühlen sich die Kinder wie echte Olympioniken, gleichzeitig ist es ein tolles Erinnerungsstück!

... jetzt kann es losgehen!

Stirnbänder

Stoffstreifen, Textilstifte

Können vorbereitet oder von jedem Kind selbst gestaltet werden. Möglich sind: Olympische Ringe, Ort und Jahr, Lieblingsflagge, Name des Kindes etc.

Schminken

Ganz klar: Hier wird allen die deutsche Flagge oder die Lieblingsflagge aufgemalt.

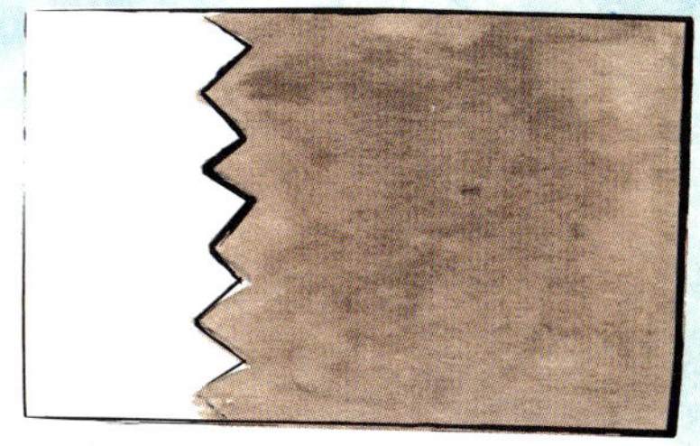

Kongo

Deutschland

Dänemark

Schweden

England

Frankreich

Ukraine

Italien

Seychellen

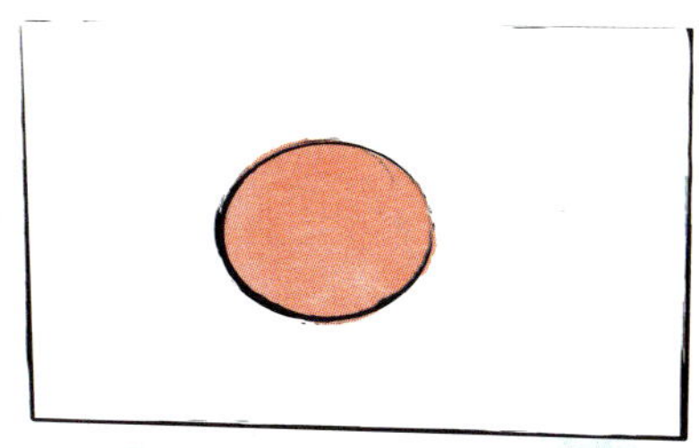

Japan

Die Olympischen Spiele

Bauen Sie mehrere Stationen mit sportlichen Spielen auf. Und damit man sich gegenseitig kräftig anfeuern kann, absolvieren alle zusammen Station für Station. Die Ergebnisse werden auf einen Zettel notiert. Dabei sollte der Erwachsene so viel diplomatisches Geschick aufbringen, dass jedes Kind an einer Station gewinnen kann, z. B. auch für besondere Anstrengungen. Denn alle erhalten auf jeden Fall eine Goldmedaille!

Möglich ist natürlich auch ein Punktesystem. Wir haben aber die Erfahrung gemacht, dass durch Ehrgeiz und Leistungsdenken Spaß und Spiel zu sehr leiden ...

Stationen für große Sportler

„Rollen“ – Vorwärts- und Rückwärtsrolle
Matratzen, dicke Decken

„Insellaufen“ – nur auf den Trittfeldern ein Ziel (z. B. von der Zimmertür bis zum Fenster) erreichen
3 DIN A4-Blätter

„Zimmerhockey“ – Vorratsdose mit Kochlöffel durchs Zimmer rollen

„Dosen werfen“ – 6 Dosen übereinanderstellen, aus ca. 3 m Entfernung werfen

„Flaggenraten“ – Flagge zeigen (s. Vorlage S. 87) und das entsprechende Land raten

„Ausdauer-Springen“ – auf dem Zimmertrampolin 50 Sprünge machen, alle zählen laut mit

Wer springt höher?

Stationen für kleine Sportler

„Seilspringen“ – die meisten Seilsprünge in 30 Sek.
Springseil, Stoppuhr

„Purzelbaum schlagen“ – ein, zwei oder drei Purzelbäume schlagen
Matratzen

„Turm bauen“ – den höchsten Turm bauen
Bausteine

„Zielwerfen“ – mit Bällen treffen können
Ball, Eimer oder Tor aus Bauklötzen

„Perlen auffädeln“ – am schnellsten Perlen auffädeln
Perlen, Schnüre, Stoppuhr

„Balancieren“ – ein dickes Seil gewunden auf dem Boden auslegen, barfuss von einem Ende zum anderen laufen, ohne den Boden zu berühren

„Bauchkreisen“ – bei wem bleibt der Reifen am längsten am Körper
Reifen, Stoppuhr

„Hampelmann- oder Trampolinsprünge“ – die schönsten oder meisten Sprünge
Trampolin, evtl. Stoppuhr

Maximal fünf Stationen planen. Aktionen langsam vorführen, Hilfestellungen geben, danach unbedingt Zeit einrechnen zum Spielen. Nach den ersten drei Stationen eine Pause einlegen.

Ideen

Start- und Ziellinie markieren, Zeit stoppen

„Schlängellauf“
Stöcke/Sprudelflaschen im Abstand von 2 m aufstellen

„Hindernislauf“
Treppe einbauen (Sprudelkästen), Schnur spannen oder Besen über zwei Stühle legen – drüberspringen oder unten durch kriechen, dicken Ast und langes Brett darüber legen und darauf balancieren, den Rückweg im Vierfüßlergang zurücklegen oder einen Ball prellen

„Doppelter Hindernislauf“

- mit einem Luftballon unter dem T-Shirt
- mit einer Schüssel Wasser auf dem Kopf

„Transportlauf“

- zwei Stöcke, Luftballon/Ball dazwischen halten
- Luftballon mit einem Stock vorwärts rollen und in einen Eimer legen
- am Start Wasser mit einer Suppenkelle aus einem Eimer schöpfen, transportieren, am Ziel in ein Glas kippen (das Glas muss mindestens halbvoll sein)

Zusätzlich bei Schnee:
Schneeballweitwurf, am schnellsten Schneebälle formen, Weitrodeln, die größte Kugel rollen ...

Zusätzlich bei Hitze:
Wasserbombenweitwurf, durch einen Sprenger laufen ...

Aktive Pause: Wettfangen
Zwei Gegenstände mit unterschiedlichen Flugeigenschaften fangen, z. B. Feder/Stein, Papier/Löffel – beide Gegenstände mit Schwung so hoch wie möglich werfen und versuchen, sie (nacheinander) aufzufangen.

Wer ist schneller?

Die Siegerehrung

Die Krönung des Tages – die Medaillenvergabe! Eine schöne, feierliche Zeremonie lässt jedes Kind vom großen Sieg träumen und ein Stückchen Ruhm erleben! Daher sollte unbedingt ein Siegerpodest aufgebaut werden (s. S. 81) und nach Möglichkeit die Nationalhymne (alternativ: Hymnen-ähnliche Melodie) abgespielt werden.

Verlierer gibt es nicht, denn dabei sein ist alles!

Jedes Kind gewinnt in einer Disziplin die Goldmedaille. Zusätzlich kann jeder Teilnehmer z. B. ein Maskottchen (Trinkflasche, Fitness-Riegel) mit nach Hause nehmen. Natürlich ist es auch ganz wichtig, sich nach der Medaillenvergabe zu bejubeln und sich wie faire Sportler zu gratulieren.

Beispiel für Zeremonie:

- Abspielen einer Hymne
- Dabei nehmen die drei Kinder hinter dem Siegerpodest Aufstellung
- Platzierung, Sportart und der Name des Kindes werden genannt („den ersten [zweiten, dritten] Platz im Schlängellauf belegte Kai Müller“)
- Die Medaille/der Preis wird übergeben
- Gegenseitige Gratulation

Jubel!

Nationenteller

Hier eine kleine Auswahl landestypischer Gerichte, die sich prima mit den Fingern von einem großen Teller essen lassen. Natürlich mit den Nationalflaggen (s. Muffins) bestücken!

Holland – Käsespieße
Würfel von Gouda oder Edamer abwechselnd mit Weintrauben, Pumpernickel/Schwarzbrot und Mandarinenstückchen auf einen Holzspieß stecken.

Amerika – Burgertürmchen
Toastscheiben, dünn mit Majonnaise bestreichen, mit Salatblättern, Kochschinken/Salami und saure Gurke-Scheiben belegen, Ketchup und Toastscheibe drauflegen, vierteln.

Deutschland – Bayerische Brotzeit
Brezeln, im Backofen zubereiten, aufschneiden und mit Butter bestreichen, halbieren, dazu Weißwürste und süßer Senf (alternativ Wiener Würstchen und mittelscharfer Senf) reichen.

Frankreich – Croissants
Croissants (gibt es zum Fertigbacken im Kühlregal), pur oder mit einer Scheibe Schinken und Käse füllen.

Hawai – Toast Hawai
Toastscheibe, Kochschinken, 1 Scheibe Ananas, Gouda – kurz überbacken.

Italien – Pizza
Am Praktischsten sind Mini-Pizzen aus der Tiefkühltruhe.

Sportlerteller

Der knackige Gemüseteller

Gemüse der Saison: Möhren, Salatgurke, Kohlrabi, Radieschen, Paprika, Fenchel in Streifen/Scheiben schneiden, schön anrichten, pur oder mit kleinen Dipp-Schälchen servieren.

Gurken-Joghurt-Dipp
1 kleine Salatgurke fein raspeln, den Gurkensaft ausdrücken. 200 g Vollmilchjoghurt, 150 g Magerquark und 1 TL Olivenöl cremig rühren. Gurke, Salz und Pfeffer zugeben, evtl. mit Kresse garnieren.

Avocado-Dipp
1 weiche Avocado zerdrücken und mit 1 EL Zitronensaft, 2 EL Creme fraiche, Salz und Pfeffer verrühren.

Variante-Fußball-Party:

Für echte Kicker-Helden gibt es auch am Geburtstag nur eins: Fussball spielen!! Mit Fussballfeld-Torte, selbst gemachten Trikots und Pokal wird es ein Riesenfest! Dann muss nur noch das Wetter mitspielen und die Tore können fallen!

Fußball-Karte

Zeichenkarton weiß, Stifte

Einen DIN A4-Bogen in der Mitte falten, Kreis-Schablone auflegen und einen Ball ausschneiden. Auf der Deckseite die Rauten aufmalen, teilweise schwarz ausmalen, in die leeren Felder „Fußball-Party“, den Namen des Geburtstagskindes und die Zahl des Geburtstages schreiben.

Einladungstext innen

Wilde Kicker gegen Krasse Stürmer!
Wir spielen am 13.02., ab 15 Uhr auf der Wiese bei den Tischtennisplatten. Es gibt Kuchen, Eis und Medaillen. Bring deinen Fußball mit!
Dein Hannes

Eintrittsticket

Kleine Zettel in Form von Tickets schreiben und malen. Dabei kann das Geburtstagskind eigene Wappen und „Sponsoren“ erfinden.

Text

Freundschaftsspiel
Dienstag, 27.9.2008
14–17 Uhr
Moritz

Kennt ihr denn überhaupt die Regeln?
Wahrscheinlich brüllen alle ja, dann kann man gleich zur ersten Frage springen – ansonsten: Jede Mannschaft besteht aus elf Spielern plus Reservespielern, ein Spiel dauert zweimal 45 Minuten, die Halbzeitpause ist 15 Minuten lang. Es gewinnt die Mannschaft, die die meisten Tore geschossen hat.

Wann ist ein Tor gültig?
Wenn der Ball die Torlinie zwischen den Torpfosten und unter der Querlatte vollständig überquert hat.

Die Kinder können es sich im Sitzkreis auf der Wiese gemütlich machen.

Wer von euch spielt denn in einem Fußballverein?
Welche Mannschaft magst du am liebsten?
Wer ist dein Lieblingsspieler?

Wie beginnt das Spiel?
Mit dem Anstoß vom Mittelpunkt des Spielfeldes aus. Nach jedem Tor wird der Anstoß durch die Mannschaft, die das Gegentor kassieren musste, ausgeführt.

Wann gibt es einen Elfmeter (Siebenmeter)?
Eine Mannschaft wird mit einem Strafstoß bestraft, wenn sie im eigenen Strafraum die Regeln verletzt.

Wofür gibt es die rote Karte?
Für ein grobes Foul, für absichtliches Handspiel oder für die zweite Verwarnung in einem Spiel (gelb-rote Karte).

Was passiert, wenn ein Spieler eine rote Karte bekommt?
Dann muss er sofort das Spielfeld verlassen.

Wann gibt es eine gelbe Karte?
Wenn Spieler die Spielregeln verletzen oder sich unsportlich verhalten.

Wisst ihr denn, wann es einen Freistoß gibt?
Bei „verbotenem Spiel" und Unsportlichkeit (z. B. Bein stellen). Der Ball darf dann direkt auf das Tor oder zu einem Mitspieler geschossen werden.

Wer achtet denn darauf, dass die Regeln eingehalten werden?
Der Schiedsrichter und seine Assistenten.

Welche Spielpositionen gibt es?
Stürmer: Sie spielen im Angriff, vor dem Tor des Gegners. Aufgabe: Tore schießen, den Ball im gegnerischen Strafraum erkämpfen oder Pässe von Mitspielern verwerten.
Kennt ihr einen deutschen Stürmer? Miroslav Klose, Lukas Podolski.

Mittelfeldspieler: Sie verbinden die Abwehr mit dem Angriff, spielen in der Mitte des Feldes und passen den Ball vom Abwehrspieler weiter zu den Stürmern. Helfen im Sturm und in der Abwehr.
Kennt ihr einen deutschen Mittelfeldspieler? Michael Ballack, Torsten Frings.

Abwehr/Verteidigung: Sie halten sich in der Nähe des eigenen Tores und Strafraums auf, bewachen den Stürmer des Gegners und verteidigen den Raum um den Tormann.
Kennt ihr einen deutschen Verteidiger? Marcel Jansen, Philipp Lahm.

Torwart: Er spielt auf der hintersten Position des Spielfeldes. Darf den Ball auch mit den Händen fangen und fausten, allerdings nur im Strafraum. Aufgabe: gegnerische Schüsse auf das Tor abwehren und Tore verhindern.
Kennt ihr einen deutschen Torwart? Oliver Kahn,
Jens Lehmann.

Fußball-Muffins

280 g Mehl (Type 405), 1 Päckchen Backpulver, 1 Msp. Natron, ½ TL Zimt, 3 EL Kakaopulver, 1 Ei, 130 g brauner Zucker, 1 Päckchen Vanillezucker, 80 ml neutrales Öl, 250 g Buttermilch, ½ Päckchen Schokotröpfchen oder ½ Päckchen Schokostreusel

- Den Backofen auf 180 °C vorheizen. Muffinblech fetten oder Papierförmchen hineinsetzen.
- Das Mehl in eine Schüssel geben und mit Backpulver, Natron, Zimt, Kakao und Schokotröpfchen vermischen.
- Das Ei in einer größeren Schüssel leicht verquirlen. Zucker, Vanillezucker, Öl und Buttermilch hinzufügen und gut verrühren.
- Die Mehlmischung zum Eigemisch geben und nur so lange rühren, bis die trockenen Zutaten feucht sind.
- In die Blechvertiefungen füllen. In der Mitte des Backofens 20–25 Min. bei 180 °C (Umluft 160 °C) backen.

Dekoration
Aus Puderzucker und sehr wenig Wasser einen Guss herstellen. Ein Drittel zur Seite legen und mit Lebensmittelfarbe schwarz einfärben (Rot, Blau und Grün mischen). Den schwarzen Zuckerguss in einen kleinen Gefrierbeutel füllen und damit das Fussballmuster auf den weißen Guss zeichnen, sobald dieser ausgekühlt ist.
Wichtig sind hier viele Getränke! Am besten Apfelsaftschorle bereitstellen und darauf achten, dass auch alle Gastkinder viel trinken.

Alternativ kann es hier eine Schüssel mit Müsliriegeln und Traubenzucker sowie eine große Obstschale mit Apfel- und Bananenstückchen geben. Im Sommer ist Wassermelone ideal!

Fußballfeldtorte

Rührteig
250 g weiche Butter oder Margarine, 250 g Zucker, 1 Prise Salz,1 Päckchen Vanillezucker verrühren. 4 Eier nach und nach zugeben. 500 g Mehl, 1 Päckchen Backpulver vermischen und unterrühren.
Evtl. etwas Wasser zugeben, bis der Teig reißend vom Löffel fällt. Den Teig in eine rechteckige Auflaufform füllen und bei 175 °C etwa eine Stunde backen. Auskühlen lassen und verzieren.

Glasur
250 g Puderzucker mit wenig Wasser zu einem Guss verrühren. 3 EL in ein kleines Gefrierbeutelchen geben, den Rest mit Lebensmittelfarbe grün einfärben und damit den Kuchen bestreichen.
Wenn der Guss fest ist, an der Tüte mit dem weißen Guss ein winziges Eckchen abschneiden und die Spielfeldlinien auf den Kuchen zeichnen.
Aus Gebäckstäbchen (Mikado) ein Tor stecken (Querbalken mit geschmolzener Schokolade ankleben). Das Netz aus Lakritzbändern herstellen (aufgedröselte Lakritzschnecken) und auch mit Schokokleber befestigen.

Ein echtes Fußballfeld zum Essen!

Kleidung

Trikots
günstige weiße T-Shirts (3er- oder 5er-Pack im Angebot), Textilmalstifte

Auf den Rücken den Mannschaftsnamen schreiben. Mannschaftsnamen können sein: Wilde Kicker, Krasse Stürmer, 1. FC Kicker, Coole Kerle, Schnelle Bande etc.

Stirnbänder
(alternativ, dann kommen alle in ihren eigenen T-Shirts) Stoffstreifen, Textilstifte

Jeweils den Mannschaftsnamen darauf schreiben.

Schminken
Hier können noch die Mannschaftsfarben aufgemalt werden. Zum Beispiel orange/schwarz als Striche auf beide Wangen oder das ganze Gesicht orange grundieren, schwarze Streifen auf Wangen und Stirn malen.

FAN-Fähnchen

Streifen aus Krepp-Papier (in den Farben der Mannschaften) schneiden und um Stöcke kleben.

Wir haben diese an die Zuschauer (meist die Mütter mit den kleineren Geschwistern) verteilt. Das hat ganz viel Stimmung gebracht.

Fußball-Pokal

- große Joghurtbecher
- Papprollen (von Haushaltspapier, Klopapier, etc.)
- dicke Pappe
- kleine Luftballons
- Zeitungspapier
- Metallic-Bastelfarbe
- Tapetenkleister

Aus der Pappe Kreise (7 cm Durchmesser) schneiden. Die Klopapierrolle in ca. 3 cm breite Stücke schneiden und jeweils auf die Pappscheiben kleben. Darauf einen Becher kleben, dann die Luftballons so groß aufpusten, dass sie genau in die Becher passen. Das Zeitungspapier in kleine Stücke reißen und den ganzen Pokal damit bekleben. Dort, wo der Luftballon drunter steckt, mindestens drei Lagen kleben. Sobald alles getrocknet ist, mit goldener, silberner oder bronzener Bastelfarbe anmalen. Zum Schluss den Pokal oberhalb des Becherrandes bis auf ein kleines Stück („Scharnier") aufschneiden, Süßigkeiten hineinfüllen und gegenüber des Scharniers mit einem Stück Tesafilm zukleben.

Alternativ können Medaillen gebastelt oder gekauft werden (s. Olympiade S. 80).

Für kleine und große Fans!

Die begehrten Trophäen.

Fußball-Turnier

Wie die Profis so starten auch wir mit einigen Aufwärmübungen. Am besten ist es, wenn jedes Kind einen Ball mitbringt und diesen jetzt benutzen kann.

Laufübungen: Von einer zur anderen Seite (z. B. der Wiese) joggen; beim zweiten Mal dabei einen Ball vor sich herdribbeln.

Dehnübungen: Beine überkreuzen, Oberkörper langsam nach vorn unten beugen, mit den Fingerspitzen die Zehen berühren, zweimal federn, hochkommen, Beine ausschütteln, dann Beinstellung wechseln, erneut federn, die Übung dreimal wiederholen.

Arme in die Hüften stemmen, Oberkörper langsam nach links beugen (dabei Rücken gerade halten), zweimal federn, dann über die Mitte nach rechts beugen, zweimal federn. Die Übung insgesamt fünfmal wiederholen.

Pässe schlagen: Zwei Kinder schießen den Ball mit dem Fuß hin und her, stoßen dabei dreimal mit dem linken Fuß ab und dreimal mit dem rechten.

Kopfballtraining: Ein Kind wirft mit den Händen den Ball zum Kopf des anderen Kindes, damit dieser köpfen kann.

Zielübungen: Die Kinder gehen abwechselnd ins Tor, alle dürfen einmal auf das Tor schießen oder ein Erwachsener geht in das Tor und jedes Kind macht ein paar Schüsse.

Turnier: Wir empfehlen, auf keinen Fall ein ernstes Spiel zu inszenieren. Dann gibt es schon bald einige hängende Köpfe und es sollen sich ja alle als Sieger fühlen. Ideal wäre natürlich ein Unentschieden ...

Je nach Alter und Mix der Kindergruppe empfiehlt es sich, zum Beispiel zweimal 20 Min. zu spielen und die Pausenlänge je nach Bedarf zu gestalten, damit sich alle richtig ausruhen und viel trinken können. Bei kleineren Kindern reichen wahrscheinlich auch 15 Min. für das „Turnier", dafür können sie dann hinterher noch lange ohne Zeitbegrenzung spielen.

Vielleicht kann ein großes Geschwister-/Nachbarkind oder ein Vater den Schiedsrichter spielen. Wichtig ist, sehr, sehr großzügig zu „pfeifen" und den Ehrgeiz einzelner Kinder zugunsten des Gruppenspaßes zu beschwichtigen.

Wir haben es geschafft, eine Väter-Mannschaft (fünf Papas) gegen neun Kinder spielen zu lassen. Das war sehr lustig. Natürlich haben die Kinder nach „hartem Kampf" knapp gewonnen.

Abendessen

Ganz schnell für viele Kinder vorbereitet, also ideal für den Spielfeldrand:

Hot Dog

Hot-Dog-Brötchen, Wiener Würstchen, Ketchup, Senf

Brötchen an einer Längsseite aufschneiden, Würstchen (nach Wunsch erhitzen) reinlegen, Ketchup und Senf drauf ... fertig!

Fleischkäse-Brötchen

Beim Metzger Fleischkäse kaufen, in Semmel legen, mit Senf servieren.

Die Siegerehrung

Musiktipp: „50 Hymnen incl. WorldCup 2006", „Die deutsche Nationalhymne"...

Champions!

Ganz wichtig und allen von der Fussball-WM bekannt: die Zeremonie der Siegerehrung! Toll, wenn irgendwo ein CD-Rekorder mit einer richtigen Hymne laufen kann.

Die Spieler beider Mannschaften werden einzeln aufgerufen und bekommen jeder einen Pokal oder eine Medaille. Viel Jubel, Gratulationen, Umarmungen und Fotos gehören natürlich dazu!

Hexen-Geburtstag

Das Zimmer wird in eine gemütliche Hexenküche verwandelt, in der magische Kräfte wirken können – beim Wahrsagen, Salben mischen und Zaubertränke brauen. Eine Hexenmodenschau lässt Waldhexe und Kräuterhexe, Nebelhexe und Stadthexe, Blumenwiesen- und Wetterhexe zu einem großen Fest zusammenkommen ...

Hexenbesen mit Brief

1 Stock (20 cm), Reisig, dünne Ästchen (6 cm)

Reisig mit nassem Bindfaden am Stock festknoten. Auf altem Papier eine Einladung schreiben (vielleicht in Geheimschrift), etwas ätherisches Duftöl (Rose, Orange, Zimt, Pfefferminz) auf das Papier tupfen, zusammenrollen und am Besenstiel festknoten.

Hexen-Geheimschrift:

Mit Zitronensaft schreiben. Nach dem Trocken verschwindet die Schrift und wird erst durch Bügeln sichtbar! (Zitrone in ein Schälchen auspressen, mit Holzstäbchen schreiben, Hinweis: „Kann nur nach dem Bügeln gelesen werden." mündlich übermitteln!)

In Spiegelschrift schreiben – das ist ziemlich anstrengend. Am besten eine Einladung in Spiegelschrift schreiben und diese dann kopieren. Die Nachricht ist dann im Spiegel lesbar.

Eine verhexte Einladung ...

Einladungstext

Liebe Nachbarhexe Mona,

komm auf deinem Besen zu meiner Hexenparty mit großer Modenschau! Am 9. November, 15 Uhr.

Deine Lisa
P.S. Ich backe wieder die leckeren Spinnenbeine ...

Alter Hexenhut

Tonkarton schwarz, doppelseitiges Klebeband, Krepp-Papier orange, Pfeifenreiniger, Stoffreste für Flicken

Tonkartonquadrat (15 cm x 15 cm) ausschneiden, die rechte obere Ecke nach unten zu einer Tüte rollen, die Kante 2 x mit doppelseitigem Klebeband fixieren. Die Spitze rund schneiden, umkrempeln, dabei entstehen schon einige Risse, evtl. noch zusätzlich einreißen und Flicken aufkleben, damit der Hut alt aussieht. Die Hutspitze einige Male zwirbeln. Einladungstext auf ein längliches Stück Krepp-Papier schreiben, in ein Stück Pfeifenreiniger einwickeln, um die Krempe legen, Pfeifenreiniger hinten verdrehen. Als alter Hexenhut getarnt, ist die geheime Botschaft nicht zu sehen!

Einladungstext

Geheime Botschaft für Marie.
Alle echten Hexen treffen sich am 8.2., 15 Uhr, bei mir zum Wahrsagen! Und wir kochen Brennesselsuppe. Bring bitte deinen Besen mit!

Deine Lotta

Dekoration

Kochecke

Als „Feuerstelle": Ziegelsteine oder große Steine in einen Kreis legen (Müllbeutel oder ADAC-Überlebensfolie in Gold/Silber zum Schutz drunter legen), einen großen kesselähnlichen Topf in die Mitte stellen.

Auf einem Tisch Hexenküchen-Utensilien bereitlegen: Holzlöffel, Suppenkellen, Vorratsgläser (mit Nüssen, getrockneten Pilzen, Beeren, Eicheln, Kastanien), Tonkrüge, Glasflaschen in verschiedenen Größen und Formen, Töpfe mit Kräutern (Salbei, Petersilie, Kresse ...), eine dickbauchige Teekanne oder ein Teekessel und Tassen, ein großer runder Spiegel, dazwischen rostige Kerzenständer mit langen Kerzen.

An der Wand einen Zwiebel- oder Knoblauchzopf und getrocknete Kräuterbündel (Brennesseln, Lavendel, Thymian ...) aufhängen.

Von Wand zu Wand eine Schnur spannen, mit Holzklammern in Wald und Wiese gesammelte Früchte (Äste mit Hagebutten, Bucheckern, Eicheln), Blüten (Holunderbusch, wilde Rose), Blumen (Gänseblümchen, Ringelblumen, Lavendel) oder Löwenzahnblätter befestigen. Die Kochecke kann mit einem großen grünen Obstbaumnetz abgeteilt werden. In das Netz Plastikspinnen klemmen und Spinnweben (Kaufhaus, Bastelabteilung, gibt es auch immer an Halloween) verteilen.

Sitzecke

Eine Ecke des Zimmers mit „Gardinen" (bunt gemusterte Bettlaken, Tischdecke) gemütlich dekorieren (z. B. unter einem Hochbett), viele Kissen auf den Boden im Kreis auslegen, in die Mitte eine bunte Tischdecke legen. Daneben könnte ein Stühlchen mit einem Strickkorb (Wolle, Nadeln) oder eine Holztruhe (alternativ Weidenkorb) mit Verkleidungssachen stehen.

Licht

Im Zimmer mehrere Lampions verteilen, das macht es schön schummrig. Jedes Gastkind könnte danach einen Lampion zum Abschied erhalten ...

Lampions (Vorbereitung)
Kleine Luftballons, Tapetenkleister, Transparentpapier in hellen Farben, Kupfer- bzw. Blumendraht

Den Kleister in einem Schälchen mit Wasser anrühren. Während des „Ziehens" die Luftballons aufblasen und das Transparentpapier in kleine Stücke reißen. Diese dann mit Kleber einstreichen, leicht überlappend mehrere Lagen um den Luftballon kleben. Wer möchte, beschriftet den Lampion noch oder klebt Hexenmotive auf. Mindestens über Nacht, besser mehrere Tage, trocknen lassen. Den Luftballon mit einer Schere einschneiden, er zieht sich zusammen und löst sich vom Papier ab. Aufhängung aus Draht am oberen Rand verknoten. Ein Teelicht hineinstellen.

Alternativ
Zimmer-, Schreibtisch- und Leselampe mit etwas Abstand (wichtig wegen Brandgefahr!) mit rotem Papier umwickeln und so mehrere indirekte Lichtquellen schaffen.

Papierlampions (Bastelbedarf) kaufen.

Hexenküche ...

Wände

Rezepte oder Zaubersprüche erfinden und in geschwungener Schrift mit Feder, Bleistift oder Füller auf Pergament-, Packpapier oder auf die Rückseite von alten Tapetenrollen schreiben. Tintenkleckse (Patrone vorsichtig ausdrücken), Fettflecke (Speiseöl) oder Katzenspuren aufmalen.

Verwandlungswässerchen
1 Tässchen Fledermausmilch, um Mitternacht gemolken
2 Schüsseln Lebertran, recht blutig
7 Krötenaugen, ganz frisch, noch schleimig
77 g gemahlene Blattläuse, nur montags zubereiten
3 große Löffel Froschblut
1 Prise Schlangenhaut, geraspelt und geröstet
Baldriankraut, 8 Stunden in Wasser ansetzen
Spitzwegerich, 7 Wochen getrocknet
Johanniskraut, in der Johannisnacht um Mitternacht gepflückt
ein Säckchen Himbeerblätter, nach 3 x rühren rauszunehmen
zerhackte Fliegenpilze mit Fischschuppen verrühren

Gänsehauttrank
Spinnenbein und Krötenfuß
Bis zum Vollmond bruzeln muss
Dazu drei Krallen Echsenblut
Schmoren über heißer Glut
Warzengift und Kräuterlein
Nur dann wirkt das Süppchen fein
Tollkirsche und Rattenschwanz
Nun beginnt der Hexentanz!

Kraftzauber
Eins und Zwei und Drei
Waldgeister kommt herbei!
Vier und Fünf und Sechs
ins Haus der Kräuterhex'
versammelt euch heut Nacht
und gebt mir eure Zaubermacht!

Kräutersprache
Basilikum – gute Wünsche, Liebe
Fenchel – Kraft und Stärke
Pfefferminze – Herzlichkeit
Thymian – Zuneigung, Tatkraft
Salbei – Wertschätzung
Kamille – Kraft im Unglück

Einstimmung

Musiktipp:
„Hexen, Zauberer und Drachen", „Hexenmusik"

Welche Zahl ist für Hexen die Unglückszahl?
Die 13 (in vielen Hotels gibt es kein Zimmer mit der Nr. 13).

Wie muss ein Hufeisen aufgehangen werden, damit es Glück bringt?
Mit der Öffnung nach oben!

Welches Tier dient der Hexe als Spionin?
Die Spinne (versteckt sich im Ohr der Hexe und flüstert ihrer Meisterin zu, was sie sieht und hört).

Mit welcher Handbewegung will man Unheil abwenden?
3 x auf Holz klopfen.

Was sagt der Aberglaube, wenn eine schwarze Katze vor dir die Straße überquert?
Von rechts nach links Glück bringt's, von links nach rechts pecht's!

Wo feiern Hexen die Walpurgisnacht?
Auf dem Blocksberg im Harzgebirge.

Welche Nacht ist die wichtigste Festnacht im Jahr für Hexen?
Die Walpurgisnacht, die Nacht zum 1. Mai.

Welches Tier behütet manchmal ein Hexenhaus?
Schlange.

Was ist das: ein persönlicher Glücksbringer, der auf geheimnisvolle Weise schützt und Böses fernhält.
Talismann.

Welches Haustier hat die Hexe am liebsten?
Schwarze Katze.

Welches Tier hilft der Hexe als Wettervorhersager?
Die Kröte (kann weit entfernte Gewitter hören und einen aufkommenden Sturm spüren).

Welche Tiere nutzt eine Hexe als Boten?
Eule, Krähe.

Warum waren Hexen früher wichtig für die Menschen?
Kannten sich mit Heilkräutern aus, hatten oft ein großes medizinisches Wissen und konnten bei Krankheiten und Geburten helfen.

Wisst ihr, warum es gefährlich war, im Mittelalter anderen bei Krankheiten mit Kräutern zu helfen?
Damals wurden Hexen verfolgt, es gab sogar Hexenverbrennungen auf Scheiterhaufen.
Warum?
Hexen waren im Volksglauben Frauen, die mit dem Teufel im Bund stehen und über dämonische Kräfte verfügten.

Knusperhexenhäuschen

300 g Honig, 200 g Butter, 500 g Mehl, 10 g Pottasche
3 TL Wasser, nach Wunsch Lebkuchengewürz

Den Honig mit der Butter erwärmen. Wenn die Butter geschmolzen ist, wieder abkühlen lassen und unter das Mehl rühren. Die Pottasche im Wasser auflösen und mit dem Teig verkneten. Den Teig 24 Stunden bei Zimmertemperatur ruhen lassen.

Den Teig auf einer bemehlten Arbeitsfläche ca. ½ cm dick ausrollen und Wände und Dach zuschneiden (2 Platten für das Dach à 15 x 20 cm, 2 dreieckige Seitenwände, Kantenlänge 15 cm). In eine Seitenwand eine Türöffnung schneiden, und nach Wunsch aus Teigresten eine Hexe und eine Katze fürs Dach formen.
Auf einem mit Backpapier belegten Blech im vorgeheizten Backofen bei 180 °C ca. 12–15 Min. backen.
Abkühlen lassen. Puderzucker mit wenig Wasser oder Eiweiß zu einer dickflüssigen Masse verrühren und die Teile damit zusammenkleben. Mit Süßigkeiten (z. B. Lakritzkatzen) dekorieren, die ebenfalls mit Zuckerguss aufgeklebt werden.

Heidelbeerschaum verzaubert Zähne!

Heidelbeerschaum

1 Packung Tiefkühl-Heidelbeeren, 250 g Sahne, 1 Päckchen Vanillezucker

Die Heidelbeeren in eine mittelgroße Glasschüssel geben und über Nacht auftauen lassen. Die Sahne mit dem Vanillezucker steif schlagen und unter die Heidelbeeren mischen.

Schmeckt lecker und verhext Zähne, Zunge und Lippen schön blau!

Dicke Kreuzspinnen

280 g Mehl (Type 405), 1 Päckchen Backpulver, 1 Msp. Natron, ½ TL Zimt, 3 EL Kakaopulver, 1 Ei, 130 g brauner Zucker, 1 Packung Vanillezucker, 80 ml neutrales Öl, 250 g Buttermilch, ½ Päckchen Schokotröpfchen oder ½ Päckchen Schokostreusel

Für die Dekoration: Lakritzschnecken, Marzipan, braune Zuckerschrift

Spinnenmuffins sind süß ...

- Den Backofen auf 180 °C vorheizen. Muffinblech fetten oder Papierförmchen hineinsetzen.
- Das Mehl in eine Schüssel geben und mit Backpulver, Natron, Zimt, Kakao und Schokotröpfchen vermischen.
- Das Ei in einer größeren Schüssel leicht verquirlen. Zucker, Vanillezucker, Öl und Buttermilch hinzufügen und gut verrühren.
- Die Mehlmischung zum Eigemisch geben und nur so lange rühren, bis die trockenen Zutaten feucht sind.
- In die Blechvertiefungen einer Muffinform füllen. In der Mitte des Backofens 20–25 Min. bei 180 °C (Umluft 160 °C) backen.

Dekoration
Für die Beine Lakritzschnecken aufrollen und in Stücke schneiden. Mit einem Holzspießchen Löcher seitlich in die Spinnenkörper bohren, auf jeder Seite vier Lakritzbeine feststecken. Für die Augen Marzipankügelchen formen, plattdrücken und auf die Kopfteile des Muffins kleben. Mit brauner Zuckerschrift Pupillen aufsetzen. Aus Marzipan ein Kreuz formen und in die Mitte (Rücken) setzen.

Augen und Kreuz direkt mit Zuckerschrift aufmalen.

Verkleidung

Für alle

Verkleidungskiste (s. Hexenmodenschau S. 113) zusammenstellen, damit jedes Kind etwas Passendes aussuchen kann.

Schminken
Dick mit dunkelbraunem Make up eincremen (Haut wirkt alt und faltig) oder Gesicht grün grundieren, auf die Wange eine Spinne oder ein Spinnennetz malen.
Gesicht blau grundieren, grüner Lidschatten, Glitzerpuder oder silberne Sterne auftragen (Zauberhexe).

Exquisiter Hexenschmuck!

Beim Hexengeburtstag dürfen Spinnen sogar ins Gesicht!!

Für das Geburtstagskind

Hexe

- Ein alter langer Rock mit Flicken und ausgefranstem Saum
- Einen langen und einen kurzen Rock übereinander
- Geringelte Leggins mit Löchern
- Am besten Stiefeletten
- Ganz wichtig: Fingerhandschuhe mit abgeschnittenen Fingerkuppen
- Tücher um die Schultern oder über den Rock binden
- Oder schwarze Kleidung, schwarzer Umhang mit bunten Flicken und ein Kissen als Buckel unter das T-Shirt stecken

Hexenbesen
Ein langen geraden Stock, Reisigzweige (Haselnuss, Weiden), Bindfaden

Die Zweige eng um das Ende des Stocks legen. Den nassen Bindfaden fest um die Zweige binden und verknoten.

Schmuck

- kurze Kette aus Hühnerknochen (gut waschen, trocknen lassen)
- lange Kette mit festgeknoteten Salzbrezeln
- Glöckchenarmband (Samtband umknoten, Glöckchen festbinden)

Hexenhut

2 Bögen schwarzen Tonkarton, Kleber, Schere
Tapetenkleister, schwarzes Seidenpapier, Pinsel

Für die Hutspitze einen Viertelkreis ausschneiden und zu einem Kegel rollen.

An den Kopf anpassen, zusammenkleben.

Den Kegel auf den Tonkarton auflegen, drumherum malen, nach 2 cm und 8 cm wieder einen Kreis malen.

Das innere Loch ausschneiden, dann 2 cm Rand einschneiden und Laschen nach oben knicken.

Den Kegel an die Laschen der Krempe ankleben.

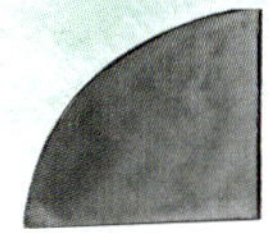

1

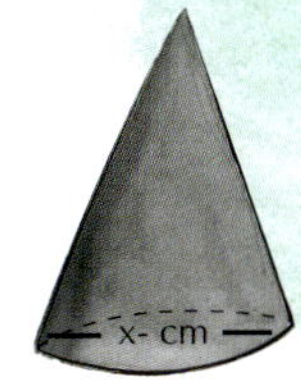

2

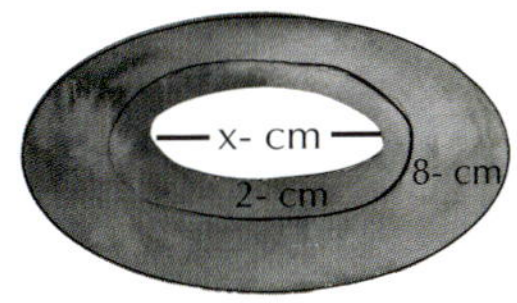

3

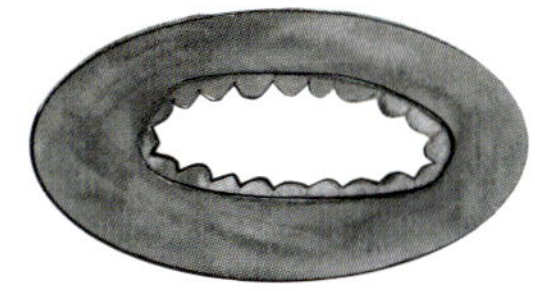

4

Variante für „alten Hut":

Die Spitze des Hutes umknicken. Das Seidenpapier in Stücke reißen, diese mit Tapetenkleister einstreichen und mehrere Lagen um Spitze und Hutkrempe kleben. In die Hutkrempe „Wellen" einarbeiten – das durch den Kleber nasse Papier lässt sich gut über ein dickes Glas biegen (auch so trocknen lassen). Falten und Knicke einarbeiten, damit der Hut schön alt aussieht.

5

Trocknen lassen. Einen breiten Gürtel mit dicker Metallschnalle oder ein Tuch um die Krempe binden. Man kann auch Plastikspinnen ankleben.

Glücksbringer

Für jedes Kind ein schönes, kleines Marmeladengläschen, 1 Zweig Basilikum, Glasperlen, kleine weiße Kieselsteine, Murmeln, Glitzersterne aus Metallfolie, eine Karaffe Kochwasser vom Rotkohl, etwas Zitronensaft, Essig, Waschpulver und Seife

Etwas Rotkohl kochen, durch ein Sieb gießen, das rote Kochwasser in einem Krug auffangen (kann am Vortag gemacht werden). In vier Gläser jeweils etwas Rotkohlwasser geben. In das erste Glas kommt nun mit einem Zauberspruch etwas Zitronensaft – das Wasser färbt sich rosa! In Glas 2 kommt wieder mit Zaubergemurmel etwas Essig – das Wasser färbt sich rot, je mehr Essig, umso dunkler wird die Färbung. In Glas 3 kommt etwas Waschpulver – das Wasser färbt sich blaugrün und in Glas 4 kommt Flüssigseife – das Wasser färbt sich blau.

Jede Hexe kann sich für ihr magisches Glas ihre eigene Zauberfarbe mischen, dann nach Wunsch einen Zweig Basilikum (steht in der Kräutersprache für Liebe und gute Wünsche), Glasperlen, Kieselsteine, Murmeln oder Glitzersterne dazugeben. Das Glas fest verschließen. Schütteln.

Das Wasser kann auch ganz einfach mit Wassermalfarben gefärbt werden. Wenn es lange halbar sein soll, den Kräuterstengel weglassen.

Das glitzert magisch!

Kräutersalbe

Grundrezept für 280 g :

200 g Erdnussöl, 40 g Schibutter, 40 g Bienenwachs, 10 Tropfen Antiranz oder Vitamin E, 15 bis 25 g ätherisches Öl

Die Zutaten werden geschmolzen, miteinander vermengt und abgekühlt. Auf 50 g Salbe kommen 2,5 bis 5 g ätherisches Öl.

Beispiele:

50 g Salbengrundlage
1 g Salbeiöl
1 g Thymianöl
1 g Geraniumöl
0,5 g Wacholderöl
0,5 g Niouliöl
1 g Zitronenöl oder Orangenöl

50 g Salbengrundlage
2 g Zitronenöl
2 g Geraniumöl
1 g Orangenöl
1 g Orangenblütenöl

Kräutercreme

für 400 g Creme (z. B. für 10 Töpfchen à 40 g)
Zutaten in Apotheke oder Drogerie besorgen.

25 g Tegomuls, 60 g Aprikosenkernöl, Mandelöl, Sonnenblumenöl, Erdnussöl oder Sojaöl, 20 g Wallratersatz oder Schibutter, 300 g destilliertes Wasser, 45 Tropfen Heliozimt K oder Paraben K (zur Konservierung), ätherisches Öl oder Kräuterextrakte

Pro Töpfchen á 40 Gramm

Ätherisches Öl: 3-4 Tropfen Melissenöl, Orangenöl oder Orangenblütenöl oder Jasminöl oder 1-2 Tropfen Salbeiöl, Thymianöl oder Zitronenöl oder Kräuterextrakte: ½ Teelöffel von einem dieser Extrakte:

Brunnenkresse: gegen fettige und unreine Haut

Ringelblume: bakterientötend, heilend, anregend, gegen unreine Haut

Ackerschachtelhalm: gegen unreine Haut, leicht straffend

Sonnenhut: wundheilend, gegen Sonnenbrand und Insektenstiche

Feldstiefmütterchen: heilend, entzündungshemmend, gegen Akne und Hautjucken

Brennessel: durchblutungsfördernd, gegen Hautjucken – in der Volksmedizin gegen Ekzeme und rheumatische Schmerzen

Salbei: leicht straffend, gegen Bakterien, daher nicht deodorierend und wundheilend

Schafgarbe: wundheilend, weil bakterienhemmend, gut für strapazierte Haut

Walnussblätter: leicht straffend und insektenvertreibend (nicht für trockene Haut geeignet)

Johanniskraut: wundheilend, gegen Bakterien und leicht straffend, gut gegen strapazierte, wunde und unreine Haut

Hamamelis: durchblutungsfördernd, entzündungshemmend, kühlend, juckreizstillend, leicht straffend; gegen Sonnenbrand, rissige und spröde, übermäßig trockene Haut

Hopfen: regt die Durchblutung an, soll kurzzeitig straffen

Die Zutaten in einem Glas auf der Herdplatte unter häufigem Rühren bei möglichst niedriger Temperatur (das Fett darf nicht über 70 °C erhitzt werden) schmelzen. Das Wasser aufkochen, auf unter 70 °C abkühlen lassen und erst tröpfchenweise, dann in feinem Strahl unter das Fett rühren. Dabei ständig rühren, bis die Creme handwarm geworden ist.

Jetzt werden die Zusatzstoffe untergerührt – entweder direkt im großen Glas oder jedes Kind nach Wunsch, nachdem seine Portion in ein Cremetöpfchen gefüllt wurde. Schließlich noch mit Etiketten bekleben – die Creme sollte in ca. sechs Wochen aufgebraucht werden.

Hexenküche

Zauberblüten

Gänseblümchen, Pfefferminzblätter, kleine Blüten von Kapuzinerkresse, 1 Eiweiß, Zucker

Mit einem Pinsel das Eiweiß über Ober- und Unterseite der Blüten streichen, dann Zucker darüber streuen und dabei Zaubersprüche murmeln. Die Blüten werden durch Hexerei haltbar gemacht und können nicht mehr verwelken ...

... diese Blüten kann man sogar essen!

Krötenblutsaft

½ l Kirschsaft, ½ l Johannisbeersaft, Zimtstange, 3 Nelken, Saft von einer Orange

Alles Erwärmen oder nur Kirsch- und Johannisbeersaft mischen, Kirschsaft-Eiswürfel dazugeben.

Da schlagen Hexenherzen höher!

Schokofrüchte

Obst der Saison wie Erdbeeren, Weintrauben, Kirschen, Orangen, Bananenscheiben, Apfelstücke, Datteln etc. 1 Päckchen Vollmilchschokokuvertüre, Holzspieße

Die Kuvertüre im Wasserbad schmelzen lassen. In den „Hexenkessel" geben. Die Fruchtstücke auf einen Holzspieß stecken, in die Kuvertüre tauchen und mit Zaubersprüchen im Kessel kreisen lassen. Auf einem Teller trocknen lassen und ... naschen.

Kräuter raten

Kräutertöpfe oder jeweils ein paar frische Stengel/Zweige von z. B. Basilikum, Bohnenkraut, Fenchel, Salbei, Holunder, Hopfen, Kamille, Kapuzinerkresse, Lavendel, Lorbeer, Melisse, Minze, Petersilie, Pfefferminze, Rosmarin, Thymian, Sauerklee

Einen Topf in die Mitte der Sitzgruppe stellen und den Namen des Krautes bestimmen. Dabei darf an den Blättern gerieben und gerochen werden. Natürlich können auch Tipps ausgetauscht werden, wofür die Kräuter beim Kochen oder als Medizin verwendet werden können.

- **Kamille** zum Gurgeln bei Halsschmerzen, Salbe zur Wundheilung
- **Fenchel** als Tee bei Blähungen und Husten
- **Thymian** als Tee bei Erkältung und Mageninfektionen
- **Salbei** zum Gurgeln bei Entzündungen im Mund und Rachenraum
- **Melisse** bei nervösen Herz-, Magen- und Darmbeschwerden

Als Hexe muss man in Kräuterkunde fit sein!

Kräutersprache lernen

Früher war es Brauch, sich in Form von kleinen Sträußen geheime Botschaften zu schicken. Ein Sträußchen aus Thymian, Minze und Sauerklee war ein Zeichen von Zuneigung.

Basilikum – gute Wünsche, Liebe
Bohnenkraut – Liebe
Fenchel – Kraft und Stärke
Salbei – Wertschätzung
Holunder – Hingabe
Kamille – Kraft im Unglück
Lavendel – Angenehmes wünschen
Lorbeer – für besondere Verdienste
Melisse – Symphatie
Pfefferminze – Herzlichkeit
Thymian – Zuneigung

Wer wohl alle diese Kräuter kennt?

Wahrsagen

Tisch, 2 Stühle gegenüberstehend, Kaffeepulver mit etwas Wasser angefeuchtet bis Paste entsteht

Echte Hexen können im Kaffeesatz die Zukunft lesen. Die Gastgeberhexe kann sich zu jedem Gast eine Vision ausdenken. Am besten ist es, dabei brennende Wünsche der Freundinnen (Beruf, Freund/Freundin, Schule ...) wahr werden zu lassen.

Kaffeesatzpaste in eine Tasse geben, siebenmal im Kreis schwenken und dabei immer denselben Zauberspruch murmeln: z. B. (leise) Difidora blissibenda (lauter) Difidora blissibenda ANNA (den Name des Gastes nennen) ... gib mir ein Zeichen ihrer Zukunft ... (flüstern) ... Difidora blissibenda ... auf eine Untertasse stürzen, dann wieder in die Tasse kippen und gucken, wie der Kaffeesatz verlaufen ist ... daraus die Zukunft voraussagen, z. B.:

Vision:
Ich sehe viele viele Menschen, Hunderte? ... Tausende! ... Sie stehen dicht gedrängt und schauen alle in die gleiche Richtung ... ahhh sie schauen zu einer Bühne ... es ist laut ... ziemlich laut ... sie rufen etwas ... nein, sie SINGEN ... Es ist ... ein Konzert ... JETZT ... eine Sängerin betritt die Bühne ... alle jubeln ... sie hat langes blondes Haar ... (das Mädchen umschreiben bis zur Auflösung: Du wirst eine berühmte Sängerin!)

Oder
Ich sehe Herrn Müller (Name vom beliebtesten/unbeliebtesten Lehrer) ... mitten in der Aula ... er verteilt irgendwelche Blätter ... ahh die Ex von letzter Woche ... du wirst eine 2 bekommen ...

Danach können sich alle gegenseitig die Zukunft voraussagen oder alle stellen gemeinsam Mutmaßungen über die Zukunft für ein Kind an wie beim „Bleigießen" an Silvester.

Echter wirkt es, wenn im Zimmer ein Räucherstäbchen und Kerzen angemacht werden können.

Flugstunde

Parcour aufbauen, den alle Hexen auf ihrem Besen „umfliegen"!

- Stöcke/Sprudelflaschen im Abstand von 2 m aufstellen für Schlängellauf
- Treppe bauen aus Getränkekisten oder Gartenstühlen
- Langes Brett über einen dicken Ast legen als Rampe
- Ein dickes Seil geschwungen auslegen, Aufgabe ist es, auf dem Besen darüber zu balancieren, ohne den Boden zu berühren
- Besen über zwei Stühle legen zum unten durch kriechen oder drüber springen

Beim zweiten Durchgang müssen Hexenutensilien jongliert, über eine Strecke mitgenommen oder in ein Ziel getroffen werden (z. B. Luftballon mit Besenstiel in eine Schüssel treffen).

Was es da wohl zu sehen gibt?

Hexenmodenschau

Vorhang/Paravent/aufgeklappte Schranktür zum dahinter verkleiden, Verkleidungskiste, Theaterschminke, einen Laufsteg bauen (eine Reihe umgekehrter Getränkekisten oder Biergartensitzbank), Musik (Recorder und Lieblings-CDs bereitlegen)

Verkleidungskiste
Alte lange Röcke mit Flicken und ausgefranstem Saum, bunte Tücher, Fransentücher, Stöckelschuhe/Stiefeletten, Schürzen, Schleier, breite Gürtel, Taschen, Hüte, Federn, Bänder, Brillen, Fingerhandschuhe mit abgeschnittenen Fingerkuppen, bunte Leggins/dicke Strumpfhosen mit Löchern, geringelte Kniestrümpfe, Perücken, Lockenwickler, Perlenketten, Haarklemmen, -gummis und -spangen.

Ein Riesenspaß! Jede Mitspielerin hat drei Minuten Zeit zum Verkleiden. Dann raten alle, welche Hexe sie darstellt. Alle Kinder bekommen für ihre tolle Kreation einen Preis. Vielleicht kann man für jedes Kind eine andere Kategorie finden (z. B. die beste Wasserhexe, die schönste Hexe mit langem Rock, die beste je mit drei Schals gesehene Hexe ...) oder in der letzten Stunde kann eine kleine Modenschau inszeniert werden. Jeder sucht sich einen Hexentyp aus. Alle helfen sich gegenseitig beim Verkleiden, Schminken und beim Improvisieren des Schmucks.

Die Modenschau könnte auch den abholenden Eltern vorgeführt werden, dann sollte dies bereits in der Einladung mit Uhrzeit angekündigt werden.

Hexentanz

2 Stühle, dicke Bücher, Kartons, Hexenbesen, Musik

Die zwei Stühle werden mit 1 m Abstand Rücken an Rücken gegenüber gestellt. Dazwischen wird ein Besen gelegt. Begonnen wird ca. kinnhoch, der Besen liegt über den Stuhllehnen. Alle tanzen wild durcheinander und versuchen der Reihe nach unter dem Besenstil durchzutanzen, ohne mit den Händen den Boden zu berühren. Nun wird die Stange immer tiefer gelegt.

Hexentypen

Wasserhexe	Muschelkette/Ohrringe, grüne Algen im Haar
Nebelhexe	Schleier aus weißem Tüll um den Kopf binden
Kräuterhexe	Tuch über der Stirn knoten, Peperonischoten oder Kräuter gebündelt an einer Schnur als Kette umhängen
Waldhexe	Stöckchen/Äste ins Haar stecken, Rindenstücke zur Kette auffädeln, Blätter mit Sicherheitsnadeln am Rock feststecken
Gartenhexe	klassisches Kopftuch, Schürze, Blüten ins Haar oder hinter die Ohren stecken
Wetterhexe	ein Blitz aus gelbem Tonpapier ausschneiden, mit Haarspange befestigen
Stadthexe	Lockenwickler ins Haar klemmen, kokett schminken (Lippen rot, Lidschatten blau), Perlenkette

Spieglein, Spieglein an der Wand ...

... wer ist die Schönste im ganzen Land?

Brennesselsuppe

(schmeckt nur im Frühjahr mit jungen Brennesseln, alternativ Spinat verwenden)

2 El gutes Öl, 1 fein geschnittene Zwiebel 1 Knoblauchzehe, gepresst, ganz junge Brennesseln (so viel, wie in den Topf passen), Sahne zum Abschmecken

Das Öl erhitzen, Zwiebeln und Knoblauch darin andünsten, mit Wasser auffüllen.
Wenn das Wasser kocht, die Brennesseln hineingeben und kurz blanchieren.
Dann mit dem Pürierstab durchmixen und mit Sahne abschmecken.

Toll, weils schnell gemacht und ganz abenteuerlich ist.

Brezeln

1 Packung Tiefkühl-Brezeln

Nach Anleitung zubereiten. Mit Butter beschmieren.

mmmmmmm ... nicht nur lecker, auch gesund!

Frankfurter Grüne Sauce

2 x Dickmilch, 2 x Schmand, gemischte frische Kräuter (Dill, Petersilie, Borretsch, Schnittlauch, Kerbel) fein gehackt oder tiefgefrorene Kräuter (z. B. 8-Kräuter-Mischung), 10 Eier, hart gekocht und in Scheiben geschnitten, Pellkartoffeln

Einfach alle Zutaten – außer den Kartoffeln – vermischen. Mit Salz und Pfeffer abschmecken. Zu Pellkartoffeln servieren.

Kräuterpunsch

1 Bund Pfefferminze, ½ l Wasser, ¼ l Apfelsaft, Honig

Die Pfefferminze mit kochendem Wasser übergießen, 5 Min. ziehen lassen, Honig und Apfelsaft dazugeben.

Forscher-Geburtstag

Einmal in die Haut von Marie Curie und Albert Einstein schlüpfen! Wie ein berühmter Forscher experimentieren, chemische Reaktionen beobachten, Naturerscheinungen erklären und so manches Geheimnis lüften ...

Einladung

> **Tipp: Wenn das Geburtstagskind selber schreiben möchte und die Schrift zu groß für den Kreis der Lupe ist: den Text einmal schreiben lassen, im Copyshop 50 % verkleinern und direkt auf Architektenpapier oder Kopierfolie kopieren lassen.**

Forscherbrille

Pappkarton, bunter Tonkarton, durchsichtige Folie

Schablone erstellen (s. Vorlage S. 136), auf Pappkarton und Tonkarton zeichnen, ausschneiden, über die Augenlöcher der Pappkartonbrille die Folie kleben, dann die bunte Brille aus Tonkarton daraufkleben. Die Brillenbügel zurück biegen. Den Einladungstext vom linken Brillenbügel an über die unteren Augenränder bis zum rechten Brillenbügel schreiben.

Einladungstext

Forscherparty!
Komm und forsche mit!
Am 13. Mai, 15 Uhr bei mir im Labor!
(bis 18.30 Uhr) Ruf mich an: 22 222

Dein Leander

Variante
Farbige Folie nehmen, z. B. orange, blau, rot oder grün.
Text Rückseite: „Sieht die Welt jetzt anders aus?"
Text Vorderseite: „Forsche mit! Forscherparty, Datum, Uhrzeit, Ort, Name des Geburtstagskindes, Telefonnummer"

Diese Einladung ist der Hit!

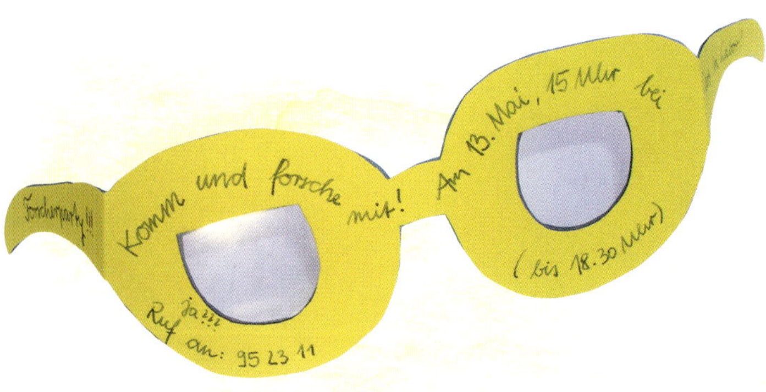

Lupe

Schwarze Pappe, Transparentpapier (Architektenpapier) oder Transparentfolie

Aus der Pappe Lupen ausschneiden (s. Vorlage S. 136). Aus dem Transparentpapier oder der Folie Kreise ausschneiden und von hinten an die Lupen kleben. Mit schwarzem Folienstift die Einladung daraufschreiben.

Flugzeug

Weißes Papier, Stift, Buntstifte

Ein ganz normales Papierflugzeug basteln, auf eine Tragfläche schreiben: „Warum kann ein Flugzeug fliegen?" Auf die andere: „Komm und forsche mit! Forscherparty, Datum, Uhrzeit, Ort, Name, Telefonnummer"

- Einen Tisch mit Forscherutensilien wie Fernglas, Lupe, Taschenlampe, Kescher, Notizblock, Stifte, Mikroskop, Globus, Tierlexikon für Kinder etc. herrichten.
- Mit Schleich- und Plüschtieren ein „Zoologisches Institut“ bauen – die Tiere nebeneinander setzen und mit Schildern bezeichnen.
- Für das Laborfeeling Flaschen und Gläser mit verschieden farbigem Wasser füllen.
- Seitenwände mit Bettlaken/Stoffbahnen abhängen, damit ein kleiner abgedunkelter Raum entsteht, mit großen Buchstaben „Labor“ an den Stoff heften. Alle Zutaten für die Experimente auf einem Tisch bereitstellen. Für den besseren Überblick und damit die Spannung steigt: Klappschilder basteln, Nummer und Name des Experiments darauf schreiben, vor die entsprechenden Zutaten stellen.
- Wäscheleine mit Forscherporträts (aus dem Internet besorgen) aufhängen.
- Auf Tapetenrollen, große Papierbögen und viele Notizklebezettel komplizierte Formeln, Gleichungen, mathematische Berechnungen schreiben und an die Wand pinnen. Die Fenster auch so bemalen.

Ganz wichtig ist natürlich das Forscherlabor!

Was ein Forscher so braucht...

Das Rätsel der Einladung lösen

Flugzeug
„Warum können Flugzeuge fliegen?“
An jedem Platz liegt ein Stück Seidenpapier bereit. Nun halten alle Kinder das Seidenpapier an den Mund und blasen darüber hinweg. Das Papier steigt nach oben, weil der Luftstrom den Luftdruck über dem Papier senkt. Der Luftdruck unter dem Papier bleibt aber bestehen und bewirkt, dass das Papier nach oben steigt. Bei den Tragflächen eines Flugzeuges funktioniert es genauso. Natürlich kann da keiner blasen! Deswegen sind die Tragflächen oben gewölbt, die Luft bläst also darüber hinweg. Unten sind die Tragflächen gerade, damit der Luftdruck von unten das Flugzeug nach oben drücken kann.

Forscherbrille
„Durch die farbige Folie sieht die Welt anders aus!“
Das Licht besteht aus sieben Farben, die Folie filtert einige heraus und lässt nur bestimmte Farben durch!

Dann können gemeinsam lustige Rätsel gelöst werden:

Warum platzt die Wurst?
Kennt ihr das? Im Topf kochen köstliche Brühwürstchen. Auf dem Teller sehen sie dann aber nicht mehr so lecker aus, denn die rote Haut ist geplatzt. Was ist passiert? Erhitzt man die Wurst in kochendem Wasser, dehnt sich durch die Wärme die Fleischmasse in der Wurst aus. Und zwar so schnell, dass die Haut keine Zeit hat, sich auch zu dehnen, und sich somit spannt. Irgendwann ist der Druck im Würstchen so stark, dass die Pelle die Masse nicht mehr festhalten kann und platzt. Wenn ihr kein geplatztes Würstchen essen wollt, gibt es einen Trick: Ihr müsst das Wasser ganz langsam erhitzen, es darf auf keinen Fall kochen! Dann hat die Wurstpelle auch genug Zeit sich auszudehnen und platzt nicht!
Übrigens: Auch mit Eiern im Kochtopf geschieht dasselbe. Das Eiweiß wird heiß und dehnt sich dabei schnell aus. Die Eierschale hat aber keine Zeit sich auszudehnen. Und plötzlich platzt die Schale, Eiweiß und Eigelb kommen aus dem Ei.

Warum steigen Strohhalme in Sprudelflaschen hoch?
In den meisten Fällen sinkt ein Strohhalm zunächst auf den Grund des Glases. Denn er ist schwerer als das Getränk. Aber in Getränken mit Kohlensäure steigt er nach kurzer Zeit wieder nach oben. Das liegt an den Luftbläschen, die sich in dem Getränk bilden. Sie bleiben am Strohhalm hängen und ziehen ihn gemeinsam nach oben.

Warum fällt Brot immer auf die Marmeladenseite?
Du sitzt am Frühstückstisch und es ist wie verhext: Wenn dir das Marmeladenbrot aus Versehen herunterfällt, landet es garantiert auf der beschmierten Seite. Warum? Das kommt so: Wenn das Brot vom Teller fällt, ist es recht langsam, denn es hat von dir nur einen leichten Schubs abbekommen. Das reicht gerade dafür, dass die Brotscheibe auf dem kurzen Weg zum Boden eine halbe Drehung machen kann. Und natürlich landet das Brot auf der geschmierten Seite. Ganz anders sähe es aus, wenn der Tisch doppelt so hoch wäre. Auf dem längeren Weg hätte die Brotscheibe genug Zeit, einen Salto zu schlagen und wieder mit der Marmelade nach oben zu landen. Aber wer sitzt schon gerne an einem so hohen Tisch? Also: Wenn dir das Brot vom Tisch fällt, schubs es nochmal extra an. So dreht es sich schneller – und die kurze Strecke reicht vielleicht für eine volle Drehung aus.

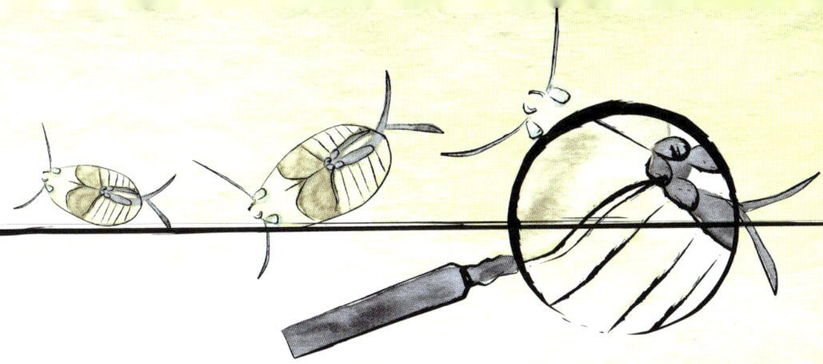

Warum vertauscht ein Spiegel die Seiten von links nach rechts, aber nicht von oben nach unten?
Stell dich mit einem beschrifteten T-Shirt vor den Spiegel. Was siehst du? Die Buchstaben stehen falsch herum. Wenn du mit der rechten Hand winkst, winkt dir dein Spiegelbild mit der linken zurück – aber dein Kopf bleibt immer oben! Warum vertauscht der Spiegel links und rechts, aber nicht oben und unten? In Wirklichkeit vertauscht der Spiegel nichts, sondern zeigt genau das, was du ihm hinhältst. Schreibe einmal ein Wort auf ein Blatt Papier und halte es ganz dicht vor den Spiegel: Der Spiegel wirft dir die Buchstaben an genau der Stelle zurück, an der du sie ihm hinhältst! Und deswegen wirft er auch den Kopf an genau der Stelle zurück, an der er ist .
Übrigens: Ein Löffel ist mehr als nur ein Spiegel. Er kann dich wirklich „auf den Kopf stellen" und rechts und links vertauschen. Das liegt an der starken Krümmung. Wenn du den Löffel aber ganz nahe ans Gesicht führst, ist er wieder „nur" ein Spiegel, denn dein Kopf bleibt oben.

Woher kommt die Haut auf der heißen Milch?
Milch besteht aus Wasser, Fett und Eiweiß. Und diese Eiwei-ße sind der Grund, warum sich Haut auf der Milch bilden kann. Wenn Eiweiße heiß werden, verändern sie ihre Form. Vorher waren sie kugelig, nun werden sie dünn und länglich. Die Eiweißfäden steigen nach oben an die Oberfläche und kleben dort zusammen. So entsteht die Haut auf der Milch! Viele mögen diese Haut nicht. Sie lässt sich folgendermaßen verhindern. Haltet kurz nach dem Kochen mit einem Löffel einen Eiswürfel in die heiße Milch, dann bildet sich keine Haut! Denn so wird an der Oberfläche die Milch kurz abge-kühlt und die Eiweißfäden können nicht verkleben. Wusstet ihr, dass diese Haut ist auch der Grund dafür ist, dass Milch überkocht. Beim Kochen entsteht Wasserdampf. Der Dampf kann aber nicht durch die Haut nach oben entweichen. Des-wegen hebt er die Haut mit hoch
– und die Milch kocht über.

Wie nennt man einen Stoff, der sich seifig anfühlt, also z. B. Waschpulver, Seife oder Kreide?
Dieser Stoff ist eine Base.

Einstimmung

Warum fallen wir nicht aus einem Karussell?
Fahrt ihr auch gerne mit der Raupe auf der Kirmes? Der Schwung drückt euch fest in den Sitz. Und das ist gut so, denn sonst würdet ihr aus dem Karussell fliegen. Je schneller sich das Karussell dreht, desto größer ist die Kraft, mit der ihr in den Sitz gepresst werdet.
Ein Experiment: Füllt einen kleinen Eimer zu einem Viertel mit Wasser und geht nach draußen in den Garten oder auf die Straße. Dreht euch so schnell wie möglich im Kreis herum – wie ein Karussell auf der Kirmes. Erstaunlich, das Wasser fließt nicht heraus. Ihr könnt sogar die Eimer über eure Köpfe schleudern. Kopf. Es fließt immer noch kein Wasser heraus. Denn die Geschwindigkeit, mit der ihr die Eimer schleudert, drückt das Wasser fest hinein.

Woher weiß das Toastbrot, wann es braun genug ist?
Wenn du den Hebel des Toasters nach unten drückst, passieren zwei Dinge: Der Hebel berührt unten im Toaster einen Kontakt, wodurch Strom durch den Toaster fließt und diesen erhitzt. Gleichzeitig startet der Strom einen Elektromagneten, der den Hebel unten festhält. Die normalen Toaster haben einen Bimetall-Streifen. Das ist ein Streifen, der aus zwei verschiedenen Metallen zusammengeklebt ist. Dieser Streifen erwärmt sich durch die Hitze des Toasters. Eine Seite des Streifens dehnt sich dabei schneller als die andere, und so biegt sich der Streifen. Und zwar so weit, bis er einen Schalter berührt – und den Elektromagneten ausschaltet. Der Hebel löst sich und das Toastbrot springt nach oben. Du kannst durch die Einstellung am Toaster bestimmen, wie weit der Bimetallstreifen vom Schalter entfernt ist. Je weiter er weg ist, desto länger dauert es, bis er den Schalter erreicht – und umso dunkler wird das Brot.

Für Erfindungen in welchen Bereichen gibt es den Nobelpreis?
Physik, Chemie, Medizin, Literatur und den Friedennobelspreis.

Was ist ein Magnet?
Er zieht Dinge aus Metall an.

Was ist ein Reagenzglas?
Ein Röhrchen aus weißem, also durchsichtigem Glas. Darin kann man chemische Reaktionen beobachten.

Was ist Strom?
Elektrizität oder elektrisch geladene Teilchen, die sich bewegen und dadurch fließen.

Was ist Schwerkraft?
Eine Anziehungskraft, die bewirkt, dass wir, alle Tiere und alle Dinge von der Erde angezogen werden. Deswegen fallen alle Dinge herunter. Im Weltraum gibt es keine Schwerkraft, deswegen schwebt im Raumschiff alles, was nicht befestigt ist, herum.

Einstimmung

Welcher Preis ist die größte Auszeichnung für einen Forscher?
Der Nobelpreis.

Was macht ein Forscher?
Forscher machen Versuche und Experimente, die manchmal zu sensationellen Erfindungen führen: Maschinen, die den Alltag erleichtern, Medikamente die gefährliche Krankheiten besiegen.

Was ist eine Säure?
Ein Stoff, der sauer schmeckt. In der Zitrone ist z. B. Zitronensäure.

Forscherpass erklären

Hier sind alle Experimente aufgeführt. Jeder Forscher sollte seinen Pass immer bei sich führen, nach jedem Experiment werden diese vom Forschungsleiter (Geburtstagskind) abgehakt. Der Pass kann natürlich später mit nach Hause genommen werden! (Vorlage s. S.135)

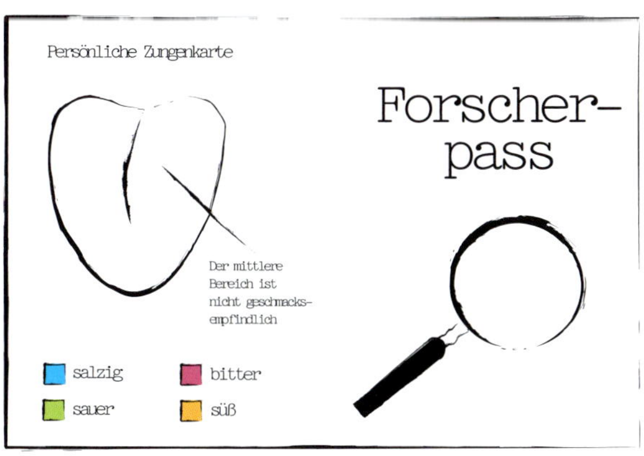
Persönliche Zungenkarte

Der mittlere Bereich ist nicht geschmacksempfindlich

salzig
bitter
sauer
süß

Forscher-pass

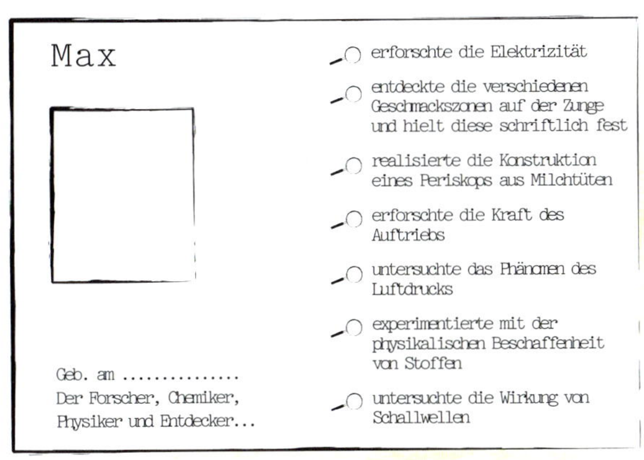
Max

erforschte die Elektrizität
entdeckte die verschiedenen Geschmackszonen auf der Zunge und hielt diese schriftlich fest
realisierte die Konstruktion eines Periskops aus Milchtüten
erforschte die Kraft des Auftriebs
untersuchte das Phänomen des Luftdrucks
experimentierte mit der physikalischen Beschaffenheit von Stoffen
untersuchte die Wirkung von Schallwellen

Geb. am ....
Der Forscher, Chemiker, Physiker und Entdecker...

Lupentorte

2 Päckchen Wackelpudding Zitrone
nach Wunsch Puderzuckerglasur oder Kuvertüre

Rührteig:
250 g weiche Butter oder Margarine, 250 g Zucker, 1 Prise Salz, 1 Päckchen Vanillezucker
verrühren

4 Eier
nach und nach zugeben

400 g Mehl mit 1 Päckchen Backpulver
vermischen und unterrühren

Evtl. etwas Wasser zugeben, bis der Teig reißend vom Löffel fällt. In eine Springform eine kleinere, feuerfeste Form stellen (oder eine Springform mit Locheinsatz benutzen). Diese und eine Kastenform einfetten und den Teig so darin verteilen, dass beide Formen gleich hoch gefüllt sind. Auf 175 °C schalten und etwa 50 Min. backen.

In der Zwischenzeit den Wackelpudding zubereiten. Nach dem Backen beide ausgekühlten Kuchen auf ein mit Alufolie umwickeltes Küchenbrett stürzen. Nach Wunsch mit Glasur bestreichen. In die Mitte Weingummitiere und – buchstaben legen, den Wackelpudding darüber gießen, sobald er anfängt, fest zu werden. Aufpassen, dass der Kuchen überall gut aufliegt, damit der Wackelpudding nicht unten rausfließt.

... so kommts aus dem Backofen!

... fast fertig ...

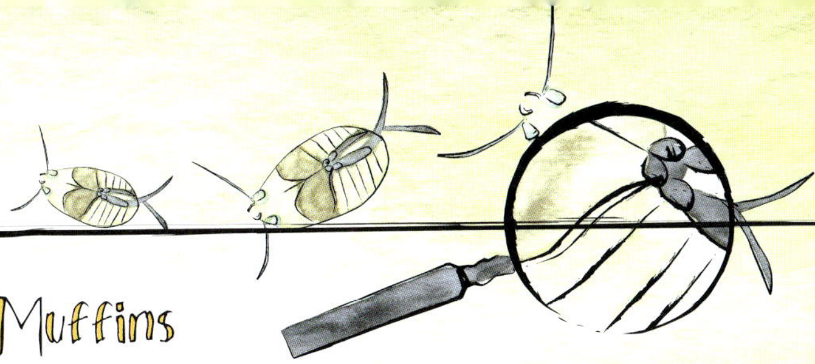

Wissenschafts-Muffins

280 g Mehl (Type 405), 1 Packung Backpulver, 1 Msp. Natron, ½ TL Zimt, 3 EL Kakaopulver, 1 Ei, 130 g brauner Zucker, 1 Päckchen Vanillezucker, 80 ml neutrales Öl, 250 g Buttermilch, ½ Päckchen Schokotröpfchen oder ½ Päckchen Schokostreusel

- Den Backofen auf 180 °C vorheizen. Muffinblech fetten oder Papierförmchen hineinsetzen.
- Mehl in eine Schüssel geben und mit Backpulver und Natron vermischen.
- Das Ei in einer größeren Schüssel leicht verquirlen. Zucker, Vanillezucker, Öl und Buttermilch hinzufügen und gut verrühren.
- Die Mehlmischung zum Eigemisch geben und nur so lange rühren, bis die trockenen Zutaten feucht sind.
- Die Hälfte des Teiges in eine neue Schüssel geben, Zimt, Kakao und Schokotröpfchen untermischen.
- Zuerst den hellen Teig in die Blechvertiefungen füllen, dann den dunklen draufgeben. In der Mitte des Backofens 20–25 Min. bei 180 °C (Umluft 160 °C) backen.

Dekoration
Esspapier in kleine Stücke schneiden, mit Zuckerschrift Formeln draufschreiben oder Puderzucker mit wenig Wasser anrühren, grün einfärben, Muffins damit bestreichen, Weingummi-Insekten eindrücken.

Verkleidung

Für alle

Klebeetiketten (Adressaufkleber) mit wichtigen Titeln und Namen z. B. Prof. Dr. phil. med.

Alte, große T-Shirts als Kittel überziehen, mit Textilmalstiften Formeln daraufschreiben.

Schminken
Dicke grüne Forscherbrille
Albert-Einstein-Bart (Schnauzer)

Für das Geburtstagskind

Naturforscher
Urwald-Naturlook, kurze Hosen und Hemd, Tropenhelm (Basecup oder Sonnenhut mit Stofflappen), Kescher als Schmetterlingsfangnetz, Becherlupe, Notizblock und Stift mit Halsband.

Erfinder
Große Erwachsenen-Sonnenbrille (gibt es günstig auf dem Kaufhaus-„Wühltisch", dann Gläser rausnehmen), strubbelige Haare.

Laborant
Großes, weißes T-Shirt, Schutzbrille (Baumarkt), nach Wunsch eine Kitteltasche mit Kugelschreiber und Namensschild aufmalen.

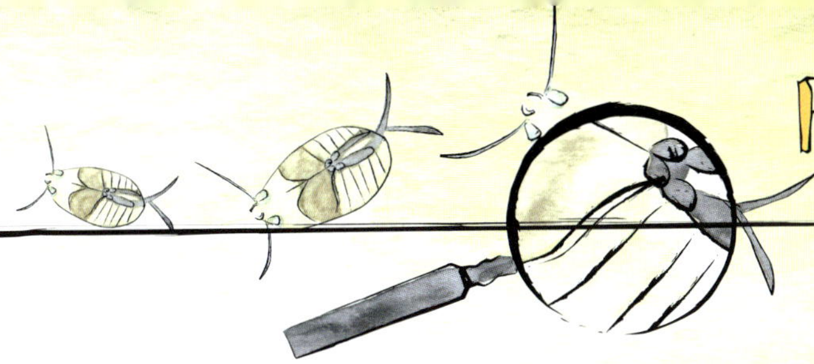

Einfache Experimente mit großer und vor allem schnell sichtbarer Wirkung! Sie können zusammenhängend von einem Erwachsenen vorgeführt und erläutert werden:

Nicht zu viele Experimente vorbereiten – man schafft weniger als man denkt!

Schwebende Rosinen

Glas, Mineralwasser mit viel Kohlensäure, 8 bis 10 Rosinen

Die Rosinen in das Glas geben, dann das Glas über die Hälfte mit Mineralwasser auffüllen.
Was machen die Rosinen? Sie schweben im Glas hoch und runter!

Erklärung: Die Kohlensäurebläschen legen sich um die Rosinen und tragen sie nach oben. An der Oberfläche entweichen die Luftblasen und die Rosinen sinken wieder nach unten, bis sich genügend neue Luftblasen um sie gesammelt haben.

Schwimmende Eier

hohes Glas, frisches Ei, Salz, Esslöffel

Wasser in das Glas schütten. Nun das Ei hineingeben. Es sinkt nach unten. Ei herausnehmen, 3 EL Salz im Wasser verrühren, Ei hineingeben. Was passiert? Das Ei schwimmt im Wasser!

Erklärung: Salzwasser hat einen größeren Auftrieb, deshalb schwimmt das Ei. Übrigens kann man daher im Meer leichter schwimmen als in einem See, da das Wasser trägt.

Wasser steht auf dem Kopf

Glas halbvoll mit Wasser gefüllt, Pappe in Postkartengröße

Die Pappe auf das Glas legen und mit der Hand festdrücken. Nun das Glas schnell umdrehen und langsam die Hand von der Pappe nehmen ... und ... kippt das Wasser aus? Nein.

Erklärung: Luft drückt von unten (ganz unsichtbar!) gegen die Pappe und zwar so stark, dass sie das Wasser im Glas hält! Achtung, klappt nur solange die Pappe nicht durchweicht!

Essig und Öl

Apfelsaft und Kirschsaft, Glas, kleines Fläschchen, Salatöl, Essig

1. Schritt: Apfelsaft zur Hälfte in ein Glas füllen, dann Kirschsaft aufgießen – die Säfte vermischen.

Erklärung: Jeder Stoff hat seine eigene innere Zusammensetzung. Flüssigkeiten, die sich ähnlich sind, vermischen sich sehr gut (z. B. auch Wasser und Milch, Kaffee und Kaffeesahne).

2. Schritt: Die Flasche je zur Hälfte mit Öl und Essig füllen, dann fest verschließen und jedes Kind schütteln lassen, bis alles richtig vermengt ist. Jetzt kann man einige Minuten lang gut beobachten, wie sich die Stoffe wieder in zwei Schichten trennen!

Erklärung: Essig und Öl haben eine unterschiedliche Dichte, sie vermischen sich nicht.

Nun kann man versuchen, etwas Essig auszuschütten. Aber wenn man die Flasche leicht schräg hält, läuft nur Öl heraus. Was kann man tun?

Mit einem Finger die Öffnung zuhalten, die Flasche auf den Kopf drehen – das Öl schwimmt über dem Essig. Wenn man nun den Finger ein bisschen verschiebt, tropft Essig heraus.

... interessant, interessant...

Die Flaschen-Orgel.

Flaschen-Orgel

6 gleiche Flaschen (z. B. Weinflaschen), Wasser

In die erste Flasche etwas Wasser füllen, dann in jede weitere Flasche immer etwas mehr Wasser geben, bis die letzte Flasche fast voll ist. Nun kann jedes Kind über die Öffnungen der Flaschen blasen. Was für Töne entstehen? Welchen Unterschied macht die Wassermenge in den Flaschen aus?

Erklärung: Je mehr Wasser in einer Flasche ist, desto höher ist der Ton! Das ist wie bei Blasinstrumenten, durch unterschiedliche Schwingungen entstehen verschiedene Klänge. Je länger ein Blasinstrument ist, desto tiefer ist der Ton. Welche Blasinstrumente kennt ihr? (Trompete, Horn, Saxophon ...)

Das Wasser kann mit ein paar Tropfen Lebensmittelfarbe gefärbt werden – sieht spektakulärer aus!

Farbenuntersuchung

Filzstifte: rot, grün, blau, lila, Küchenrolle, Schale mit Wasser

Jedes Kind erhält einen Bogen Küchenrolle und malt vier verschiedenfarbige Punkte darauf. Dann wird das Papier in einen flachen Teller mit Wasser gehalten, sodass die Farbpunkte noch über dem Wasser sind. Das Papier saugt das Wasser auf, dieses läuft in die Tinte und trennt die verschiedenen Farben.

Wieviele Farben sind in einem Filzstift?

Für folgende Experimente braucht man schon etwas Geschick und Geduld. Mit Hilfe eines Erwachsenen können aber auch diese Experimente selbst probiert werden.

Geschmacksnerventest

Dieser Test ist der Clou! Selbst die schlauesten Gäste sind von den Ergebnissen verblüfft! Ausreichend Zeit einrechnen, da jedes Kind es selbst ausprobieren möchte.

Saures – Zitronensaft, Süßes – Zuckerwasser, Bitteres – Kaffee, Salziges – Salzwasser, vier Trinkhalme, Brot

Den Trinkhalm in eine der Flüssigkeiten tunken, mit dem Zeigefinger oben abschließen, nacheinander je einen Tropfen der Flüssigkeit auf die vier Regionen der Zunge tropfen lassen. Das Kind muss nach jedem Betupfen sagen, ob und was es geschmeckt hat. Die Ergebnisse in die „Zungenkarte" in den Forscherpass eintragen.

Sauer oder süß?

Erklärung: Auf der Zunge befinden sich Geschmacksknospen, die unterschiedlich angeordnet sind. Nur in den dafür bestimmten Regionen kann man die richtige Geschmacksrichtung identifizieren! Man schmeckt Süßes oder Saures also gar nicht mit der ganzen Zunge!

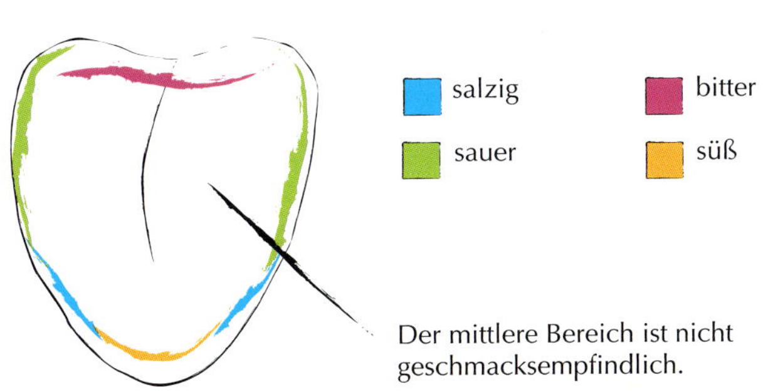

Forschen und Spielen

Idee für eine leckere Pause: selbstgemachtes Popcorn!

Leiter oder Isolator

Batterie (3,5 V), Elektrokabel, Glühbirne (3,5 V), Leiter-Materialien (Münzen, Kohle (aus dem Grill), ein Magnet, Zitrone), Isolator Materialien (ein Stück Holz, Radiergummi, einen Stein, ein Glas mit destilliertem Wasser, Salz)

Einen einfachen Stromkreis aufbauen (Batterie, Kabel, Glühbirne) und dann die verschiedenen Materialien zwischenschalten. Leuchtet das Lämpchen, dann ist das Material ein Leiter. Leuchtet es nicht, ist es ein guter Isolator.

Beide Kabelenden in ein Glas mit destilliertem Wasser halten – dann zum Vergleich Salz in das Glas geben. Das reine Wasser kann den Strom nicht transportieren – es fehlen die gelösten Mineralien, aber das Salz kann diese Aufgabe übernehmen.

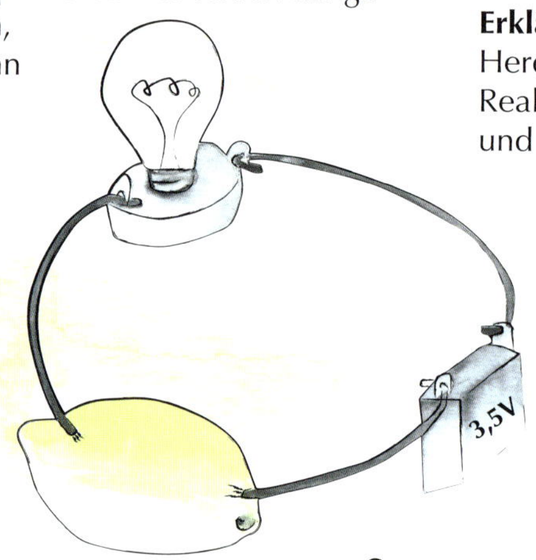

Popcorn selbstgemacht

Großer Topf mit Deckel, Mazola-Öl, Popcorn

Den Topfboden mit Öl bedecken, eine Schicht Maiskörner hineingeben – nicht übereinander – und mit dem Deckel verschließen. Sobald die ersten Körner „aufpoppen", Herdplatte auf kleinste Stufe stellen. Zuhören, wie die Körner an den Deckel „ploppen". Besonders lustig ist es, kurz den Deckel anzuheben und einige rausfliegen zu lassen!

Erklärung: Wie entsteht Popcorn? Durch die Wärme der Herdplatte findet in den Maiskörnern eine chemische Reaktion statt, sie dehnen sich mit einem kleinen Knall aus und fliegen an den Deckel!

Um-die-Ecke-Gucker (Periskop)

1 leere Milchtüte, 2 Taschenspiegel, Doppelklebeband oder Heißkleber, Schere

Die Milchtüte an einer Längsseite aufschneiden und die beiden Taschenspiegel laut Zeichnung schräg einkleben. Die spiegelnden Seiten zeigen zueinander.

Die Tüte wieder zukleben und zwei Gucklöcher laut Zeichnung in die gegenüberliegenden Seiten schneiden.

Mit diesem Periskop kann man um die Ecke gucken, über Mauern – und wird dabei selber nicht gesehen!

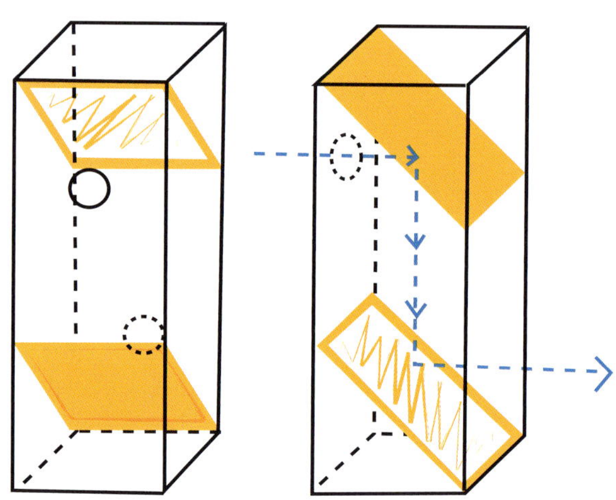

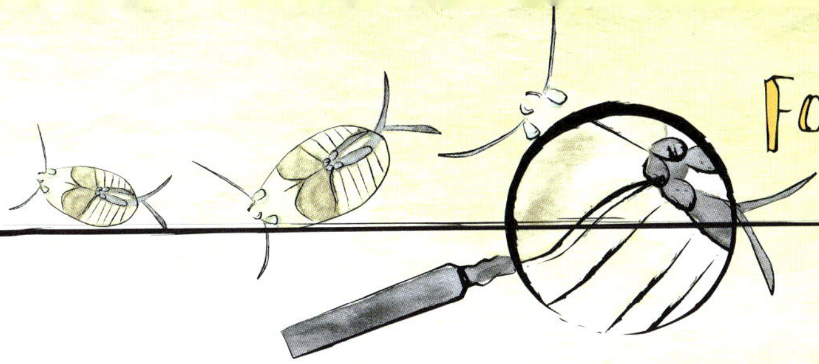

Luftkissen-Ufo

pro Kind eine Verpackungsschachtel und einen Plastikbecher

Ein echtes Ufo kann natürlich schweben! Dazu muss ein „Luftkissen" erzeugt werden. Den Boden des Plastikbechers abschneiden. Den Becher auf die Mitte der Schachtel setzen und den Umriss aufzeichnen, dann den Kreis ausschneiden und den Becher hineinstecken. Wenn man jetzt in den Becher pustet, entsteht unter der Schachtel ein Luftkissen und lässt das Ufo schweben. Nun kann auf dem Boden eine Start- und Ziellinie markiert werden
... und das Wettrennen kann beginnen!

Telefon für Geheimgespräche

pro Telefon-Paar 2 Papp- oder Joghurtbecher, 2 Streichhölzer, dünne Schnur

Den Boden der Becher durchbohren, die Schnur durchfädeln und an einem Streichholz festknoten. Die Schnur straff spannen und in den Becher reden. Ganz echt ist es, wenn sich ein Kind um die Haus-/Zimmerecke stellt und man sich nicht sehen, sondern nur hören kann.

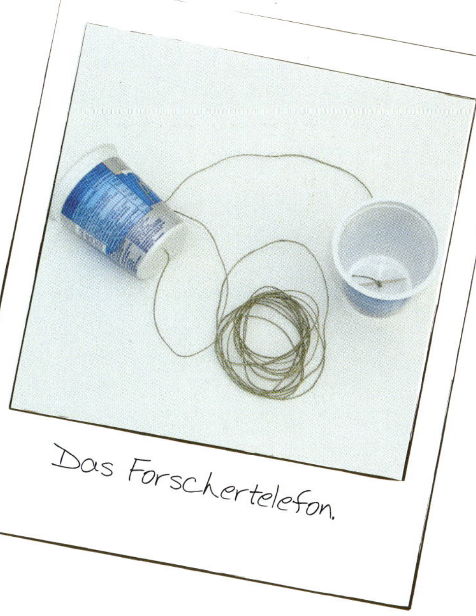

Das Forschertelefon.

Abendessen

Geschmacksstraße

Brötchen mit verschiedenen Geschmäckern: Das Wissen aus dem Experiment „Geschmacksnerventest“ wird gleich ganz praktisch angewendet!

salzig – Schinken, Käse, Oliven, Salami ...

sauer – saure Gurken, sauer eingelegte Maiskolben, Mixed Pickels ...

süß – Marmelade, Honig, Schokomus ...

Dazu kann es noch Quarkspeise in den drei Geschmacksrichtungen geben:

salzig – Quark mit Kräutern und gesalzen

sauer – Quark mit Zitronensaft vermischen

süß – Quark mit Bananenmus mischen (Bananen mit einer Gabel zerdrücken)

(„bitter“ besser weglassen, hier geht's ja auch ums satt werden ...)

Buchstabensuppe

2 Beutel Buchstabensuppe, Gemüsebrühe

Wasser aufkochen, Gemüsebrühe einrühren, Nudeln zugeben und nach Anleitung kochen lassen.

Für Kleine: Wer kennt schon das ABC? Beim Essen Buchstaben bestimmen!

Russisch Brot

Zum Naschen für den Nachhauseweg – für jedes Kind einige Buchstaben in die Mitte einer Serviette geben, zubinden.

Astronauten - Einladung Rakete

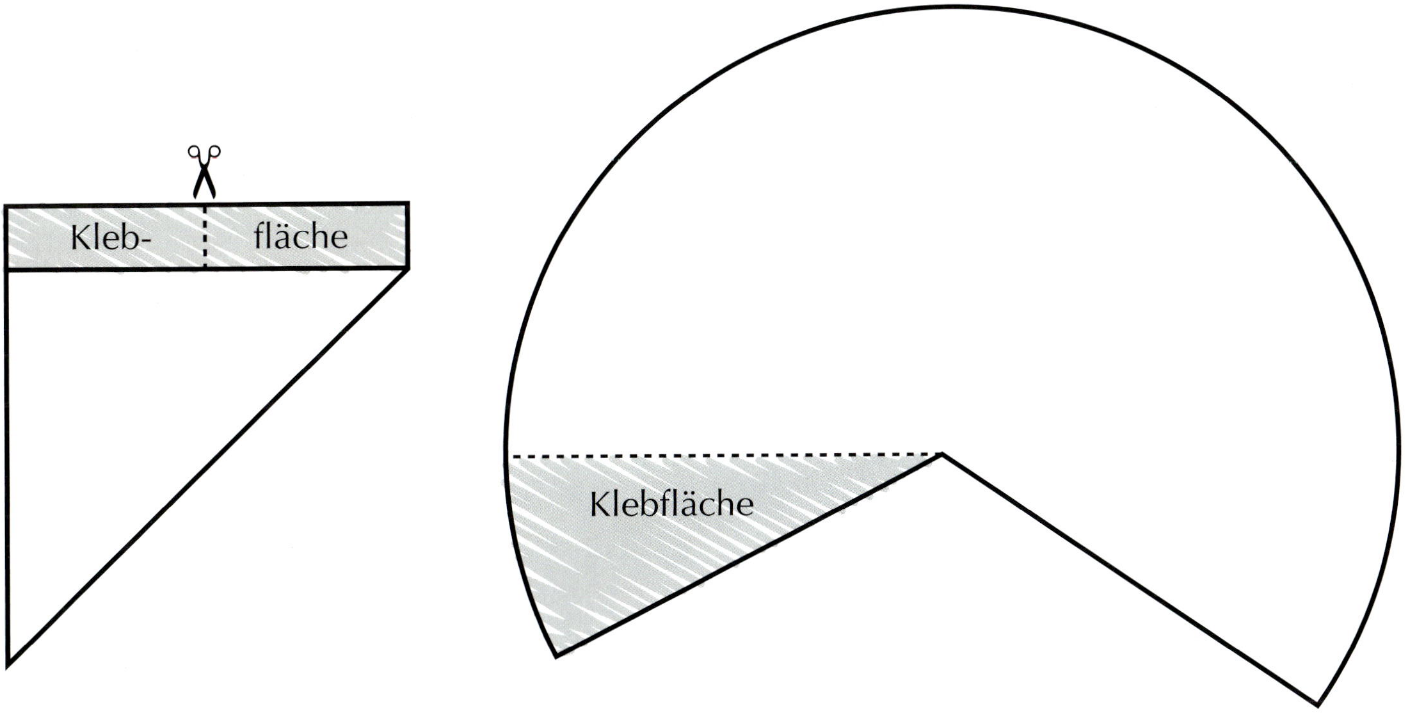

Astronauten - Astronautenausweise

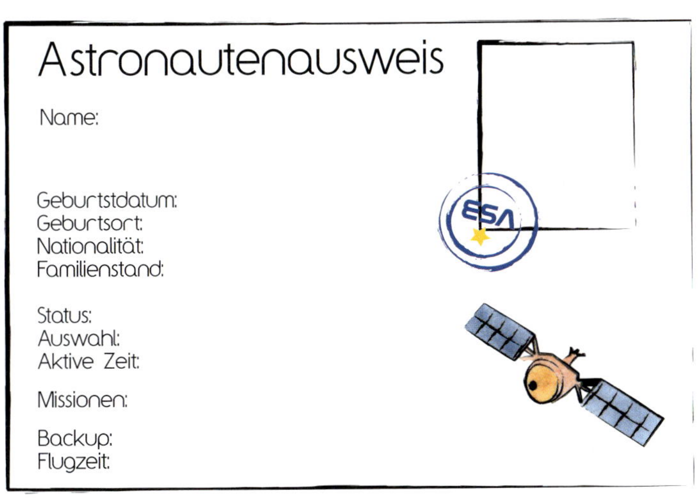

Vorlagen

Astronauten - Astronautenanzug

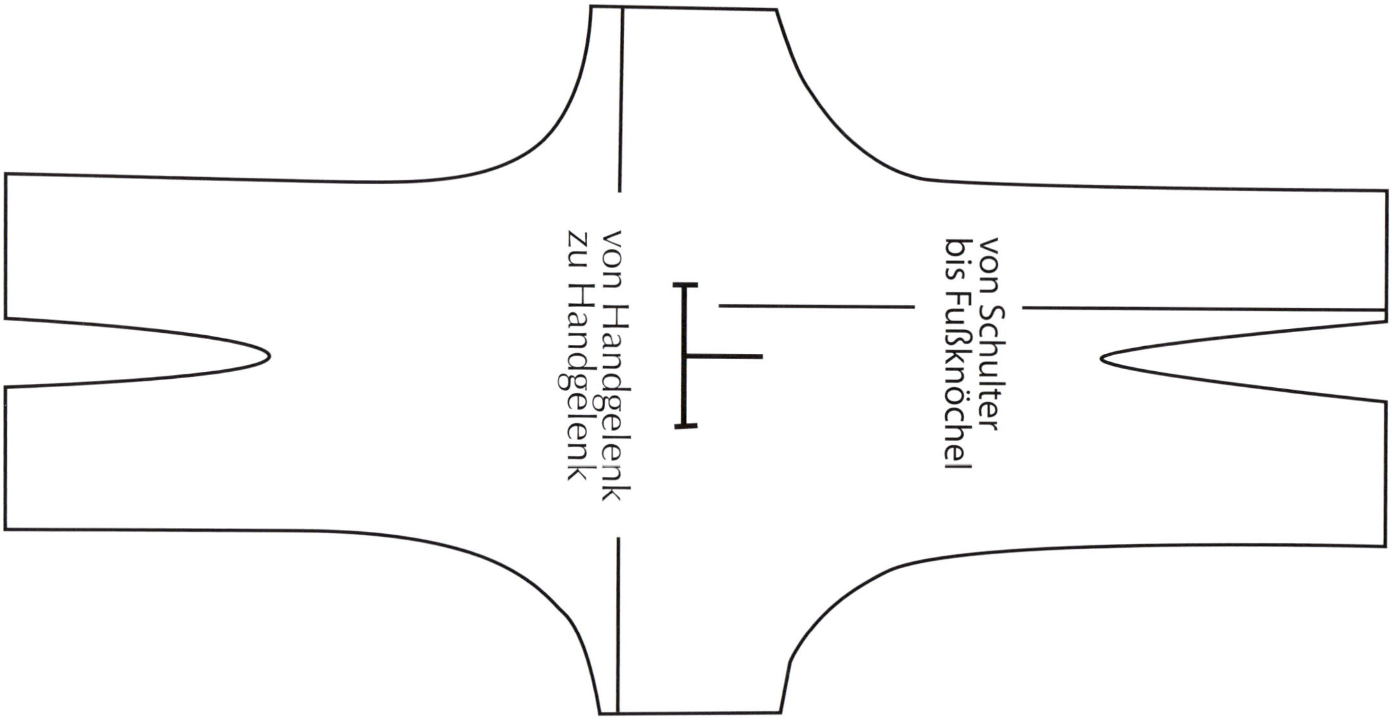

Astronauten - Dosenetiketten

Indianer-Indianische Muster

Indianer - Büffelmaske

Indianer - Geistermasken

Die Maskenvorlagen am besten im Copyshop auf die gewünschte Größe kopieren lassen.

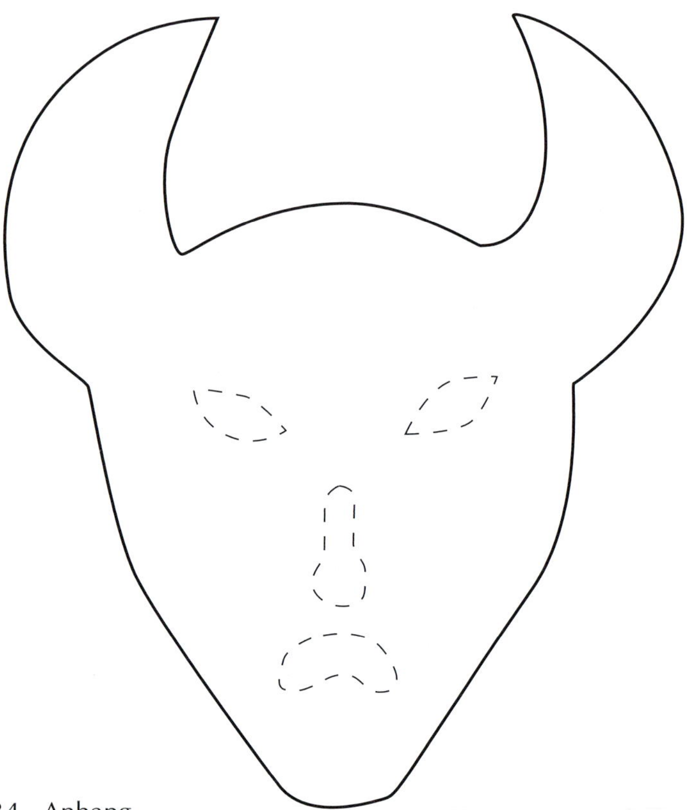

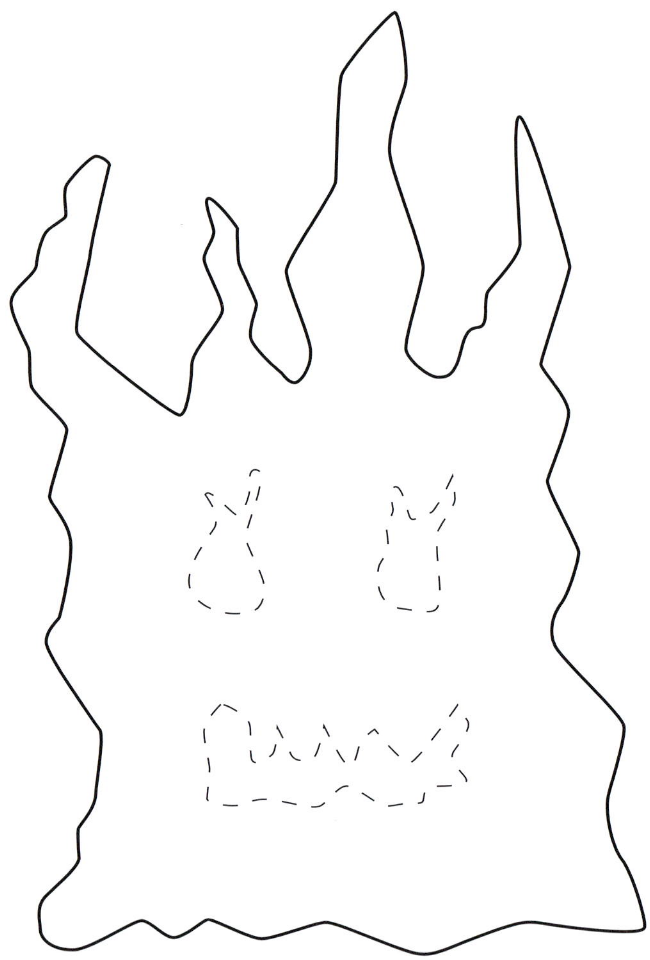

Hexen-Creme-/Salbenetiketten

Kräuter Creme

Kräuter Creme

Kräuter Creme

Kräuter Salbe

Kräuter Salbe

Kräuter Salbe

Forscher - Forscherpass

Persönliche Zungenkarte

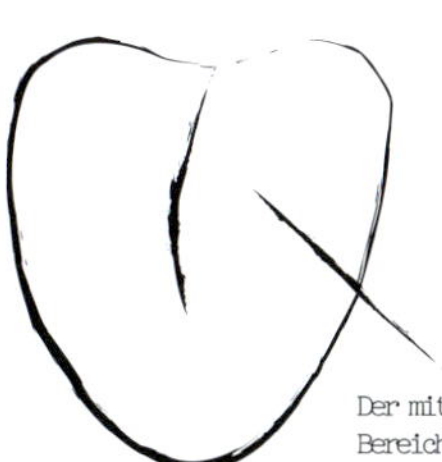

Der mittlere Bereich ist nicht geschmacksempfindlich

salzig

sauer

bitter

süß

Forscherpass

Geb. am ....

Der Forscher, Chemiker, Physiker und Entdecker...

Forscher - Lupeneinladung

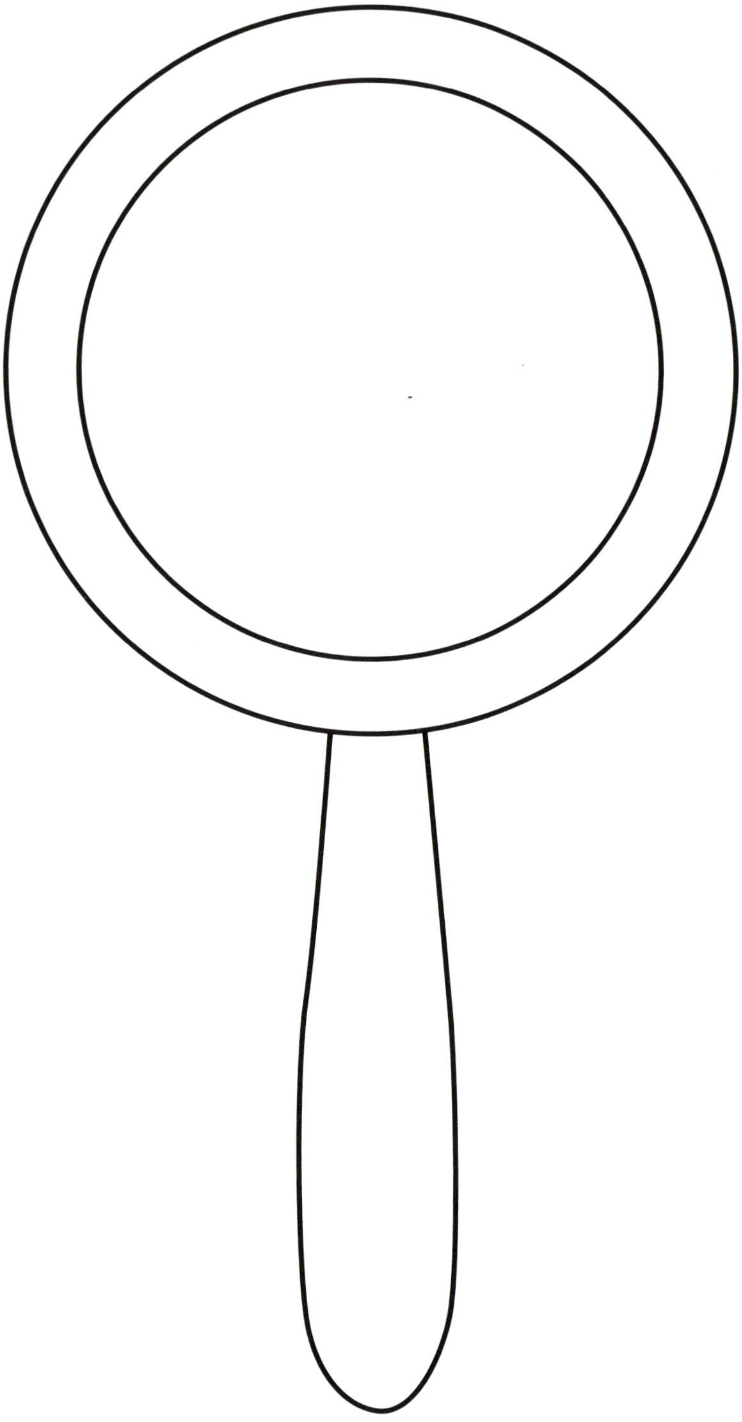

Forscher - Brille